劉惠丞，餘　壹———著

壞心情自癒法

心理分析×療法學習×案例應用

拒絕成為情緒的奴隸

一本寫給高敏感族的自我療傷手冊

◇ 對每件事都失去興趣？你可能中了「鐘擺效應」

◇ 你期望自己成為什麼樣的人，你就怎樣「暗示」自己

◇ 顏色可以改變人的心情嗎？當然可以

◇ 揮別爛心情的終極武器：90/10法則

崧燁文化

目錄

目錄

目錄

目錄

目錄

前言

在現實生活中，很多人終其一生都不知道自己到底有多大的能力，因為他們從來沒有夢想成真的企圖，沒有努力過，也沒有嘗試過。他們每天只是庸庸碌碌的為生存奔忙，沒有感受過生命力的強大，沒有享受過創造的快樂，生命成了一種只是將要被消耗掉的廢物。

誰不想人生過得高貴而富有意義呢？但有些人的人生卻差強人意，是他們智商低？還是缺乏能力嗎？不是的，只是他們沒有精心規劃和控制自我、控制人生，沒有讓生命發揮出高效力。

為什麼有人一心想要獲得改變，事到臨頭卻總是無法自制，甚至連自己的生活也被別人控制？答案就是：不懂得控制自己，不懂得控制自己的情緒。成功不是靠控制別人來得到的，成功大多是自我控制的結果。

我們為什麼要控制自我？隨心所欲的生活不是更快樂嗎？如果你只想隨波逐流，聽天由命，平庸的度過一生，那當然不必費心的控制你自己，但如果你想使自己的人生更有價值，生活更豐富快樂，你就必須學會控制自我。我們既然生活在這個世界上，就要學會對自己的思想和情緒進行自我約束。

前言

此刻，你或許正被困難、壓力、工作期限所支配，或是被痛苦的回憶、不斷的恐懼或潛意識所控制。但如果你放棄了自我控制的責任，就等於放棄了對自己人生命運的控制權。因此，你只有學會控制，才能得到更多。

大多數人都有過被情緒所累的經驗，似乎煩惱、壓抑、失落甚至痛苦總是接二連三的襲來，於是頻頻抱怨生活對自己不公平，企盼著歡樂的降臨。其實，喜怒哀樂是人之常情，想讓自己生活中不出現一點煩心事幾乎是不可能的，關鍵是如何有效調整、控制自己的情緒，做自己生活的主人，做自己情緒的主人。

很多人都懂得讓情緒聽話這個道理，但一遇到具體問題就知難而退：「控制情緒實在是太難了。」言下之意是：「我是無法控制情緒的。」別小看這些自我否定的話，這是一個不良暗示，它真的可以毀滅你的意志，讓你喪失戰勝自我的決心。

還有的人習慣於抱怨這世界：「沒有人比我更倒楣了，世界對我太不公平了。」在抱怨聲中，他得到了片刻的安慰和解脫：「這個問題怪這世界不怪我。」結果卻因小失大，讓自己在無形中失去了主宰自己生活的權力。

其實快樂是可以自己尋找的，情緒是可以控制、管理的。如果我們能調整、管理好自己的情緒，就能擁有多彩、美好的人生。情緒可以決定你的命運，做好情緒管控，關乎你一生的成功和幸福。

第一章　認識情緒，掌控一生

人類的需求是多樣的，既有物質需求又有精神需求，涉及各方面，因而也會產生複雜多樣的情緒。那究竟什麼是情緒呢？情緒是人對客觀事物態度的體驗，是人的需求獲得滿足與否的反映。當客觀事物能夠滿足人的需求時，就會產生積極的情緒體驗，如高興、喜悅、滿意；反之則會使人產生消極的情緒體驗，如不滿、生氣、悲痛、憤怒等。情緒讓我們每個人的生命力更加鮮明活生動，但有時也讓我們無法加以應對。因此，學會管理好我們的情緒、增強我們的自我控制能力，是我們每個人都應該正確面對的事。

1 唯有心情，伴你一生

篇頭導讀：學會用一種坦然和從容的態度去看待自己所遭遇的一切，這是最佳的人生態度。

有什麼能伴你一生呢？

若問孩子相伴一生是什麼，孩子肯定會回答是「父母」；若問戀人相伴一生是什麼，戀人們絕對會回答是「愛人」；若問中年人相伴一生是什麼，得到答案多是「孩子」。

不錯，生命之初，父母的確是我們不可多得的夥伴，他們掏心掏肺的疼著我們、寵著我們、愛著我們，但父母終究是要先我們而去的，再怎麼捨不得放不下也終是留不住，因此他們只能陪伴我們前半生。

愛人呢？在初戀之始，我們期望著你中有我、我中有你、生死不渝的愛情，甚至想要不求同生但求共死的相依。但經歷了世事紛擾紅塵起伏後終於明白，那樣的愛情只能出現在紙上、在戲中。現實中的夫妻能做到相安無事已經難得，生同衾死同穴更是幻想。再放眼世界，大街上跳廣場舞的老太太明顯多於老爺爺，因此愛人也不可能永遠陪伴我們一生。

那麼孩子呢？的確，孩子是自己身上掉下的一塊肉，是我們含辛如苦扶養長大教育成人的。孩子總要長大成人，總要成家立業，即使他不是有了媳婦忘了娘的忤逆之子，他也總有心無力的時候。況且我們還有在他出生之前那麼長的一段光陰是他所永遠無法陪伴的。因此，再孝順的孩子至多只能陪伴我們走過後半生。

那麼，陪伴我們一生的是什麼？工作價值有人剝奪，丈夫老婆有人搶，地位有人爭，金錢有人搶，而只有心情是唯一不能被剝奪的財富。不管是好心情壞心情，還是不好不壞的心情，總是陪伴你一生。

在同一個公司上班，有的開開心心，有的鬱鬱寡歡，倒不是後者的路上石頭多、門檻高，而是每個人的性格和心情有所差異。

很多人的心就像溫室的花朵，經不起風吹雨打。因為小販的偷斤減兩，因為受主管責難，因為和同事發生爭執，因為與升官發財擦肩而過，因為家庭瑣事爭執不休，因為婆媳關係處理不融洽，因為被人算計，太多的因為……由此，心情變得一團糟。茶不思飯不想睡不眠，心裡的壓抑隨之而來，看待世道的觀點變了，影響待人處事的心情，給自己帶來疾病……這些不都是因為心情不好導致的嗎？

好心情就不同了。好心情，可以化疾病為健康；好心情，可以隨時光顧你臉上的笑容；好心情，可以使家庭和睦相處；好心情，可以把握機會，成就你的事業；好心情，可以幫你結交益友；好心情，可以觀賞周邊的美景。

當然，冰凍三尺非一日之寒，好的心情也非一蹴而就。它是由人格，學識，品格，才能等形塑，由漸悟而頓悟，最後修成正果。

我們都有不開心的時候，我們常聽到所謂的「垂頭喪氣」、「一蹶不振」等，都是心情不好的表現。其實，很多事取決我們對它的態度，對處理某件事，你認為它好便好，你認為它不好可能就不好。

因此，要學會用坦然和從容的態度來看待生活。當遇到不順心的事，要多想想，不幸很快過去；或者說，不幸既已發生，還去想它那不是更大的不幸嗎？

好心情是一種心理感受，開心快樂是一種精神活動，是一種發自心靈的感受。生命是個過程，生死原本是平常事，我們常常痛惜，不是因為死亡本身，而是因為生命的遺憾。

「好好活著」是許多逝者彌留之際給生者的唯一忠告。直面生命是一種態度，善待了自己，就是善待了生命。

伴你一生的是心情，它是你唯一不能被剝奪的財富。保持了心理平衡，你就掌握了健康的金鑰匙。

2　情緒作用，究竟為何

篇頭導讀：客觀事物並不是全部都能引起人的情緒，只有與人的需要有關的事物，才能引發人的情緒。

情緒是人對客觀事物的態度的體驗，離開了體驗就談不上情緒。那情緒究竟有什麼作用？有一則關於洛克菲勒先生的故事，可以簡單說明情緒的作用：

在法庭上，律師拿出一封信問洛克菲勒：「先生，你收到我寄給你的信了嗎？你回信了嗎？」

「收到了，」洛克菲勒回答他，「沒有回信。」

律師又拿出二十幾封信，一一的詢問洛克菲勒，而洛克菲勒都以相同的表情，一一給予相同的回答。律師控制不住自己的情緒，暴跳如雷不斷咒罵。

最後，庭上宣布洛克菲勒勝訴！因為律師因情緒的失控讓自己亂了章法。

你也許會說：「大名鼎鼎的洛克菲勒為什麼用如此的手段取勝？」好吧，我們不討論這些，也不管洛克菲勒的方法是否正確，但最終的結果是，那個律師因為沒有控制住自己的情緒而敗下陣來。可以說，洛克菲勒巧用情緒的作用戰勝了對手。，

生活中，面對不同的環境，不同的對手，有時候採用何種手段已不太重要，而保持好自己的情緒才是至關重要。

每個人都有自己的情緒，而情緒是一種很難捉摸的東西，有時難捉摸得讓人捉摸不到，但是，不管怎麼難捉摸，你都要想辦法將它抓得緊緊的。因為這關係到你能否在社會上遊刃有餘地生存。

有許多人能把情緒收放自如，這個時候，情緒已不僅是一種感情上的表達，而且成了攻防中使用的武器。也有的人因為掌控不住情緒，不管三七二十一發洩一通，結果搞得場面十分難堪。生活中，每個人都難免會碰到這種擦槍走火的狀況。但是，聰明人有將情緒馬上收回來的本事。

情緒處理得好，可以將阻力化為助力，幫你化解危險、政通人和。情緒若處理得不好，便容

易激怒，產生一些非理性的言行舉止，輕則誤事受挫，重則違法亂紀。

具體來說，情緒還有哪些作用呢？

1　適應環境。人透過調節自身的情緒，才能達到適應社會環境的要求。比如說，情緒是嬰兒在掌握語言之前適應生存的重要心理工具，嬰兒正是透過情緒與成人交流、表達自己的各種需要和要求。他們用哭聲告訴大人他身體不適、餓了。在日常生活中，人們用微笑向對方表示友好，透過移情和同情來維護人際關係，情緒扮演著促進社會親和力的作用。而恐懼情緒則使人迴避危險，保證自身安全。可見，情緒可以使我們更好的適應環境。

2　調控行為。情緒的動機作用不僅展現為對生理需求的放大，而且它在人類高層次的目的行為和意志行為中也發揮著重要影響。興趣、好奇會促使人們去探索複雜的現象，即使屢遭失敗也能頑強堅持，希望能夠成功。

3　組織監測。情緒這種特殊的心理活動，對其他心理過程而言是一種監測系統，是心理活動的組織者。它可以促成知覺的選擇，監視資訊的移動，影響工作記憶，影響思維活動，甚至影響人的行為表現。當人處在積極樂觀的情緒狀態，則傾向於注意事物美好的一面。對人態度和善，樂於助人，並勇於承擔重任；而消極情緒狀態則使人產生悲觀意識，失去希望與追求，更易產生攻擊性行為。

4　傳遞資訊。人類在沒有語言之前，正是透過情緒資訊的傳遞而協調彼此之間的關係求得生存的。情緒是一種獨特的非語言溝通，它透過臉部肌肉的運動、身體姿態、聲調的變化來進行資訊的傳遞。如真誠的微笑、滿意或欣賞的點頭、富於同情的表情等，往往能使人互相接近，促進溝通和理解。

5 影響健康。良好的情緒有益於健康，不好的情緒有損健康。因為愉快的情緒能使整個軀體的免疫系統和體內化學物質處於平衡狀態，從而增強對疾病的抵抗能力；過於強烈或持久的消極情緒，則會給人的身體帶來危害。

總而言之，情緒為精神活動的重要組成部分，對人有深刻的影響。這種影響即可能對人產生積極的作用，也可能對人產生消極的作用。因此，我們應時時保持良好的、積極的情緒，有意的控制和消除不良的、消極的情緒，以提高我們的自我控制能力。

3 情緒定律，平方來計

篇頭導讀：情緒的平方定律提醒我們：在遭遇挫折時，一定要尋找各種支持資源，並能及時化解，避免情況繼續惡化，出現「雪上加霜」的嚴重危機。

情緒平方定律是由奧地利精神分析學家阿德勒提出的，在了解這個平方定律之前，我們先來看一下面的事例，這樣有助於我們更深刻的了解情緒平方定律。

我們都知道「雙拳難敵四手」，人多欺負人少這是一個街頭打群架的小混混都知道的道理。

同樣，在戰場上指揮千軍萬馬的統帥自然也深知兵力優勢的重要性。當然，也有人不服，難道在人數上多幾個或少幾個對於打勝這場戰爭真的那麼重要嗎？又該怎麼解釋呢？

一九一四年，英國有一個名叫蘭徹斯特的工程師得出了一個非常有趣的結論：原來人數較多的一方獲得的優勢遠遠超過了人們的想像，絕不只是多出幾個兵的問題。蘭徹斯特設想了一個非常簡化的戰鬥模式：敵我雙方彼此互相射擊，而且雙方在準確性、人員素質、武器性能等各方面都勢均力敵。

在這種模式下，蘭徹斯特透過一系列微分計算，提出了一條定律：若一方軍隊數量多於敵軍若干倍，產生的戰鬥力就會相當於對方若干倍的平方。比如說，如果一方的飛機或者軍艦數量達到了對方的三倍，那麼這一方擁有的空中或者海上優勢相對於對方來說就不僅僅是三倍，而是九倍。

根據這個定律，我們可以模擬一次戰鬥。如果你手下有十五個團，而敵方有十七個團，兩方士兵戰鬥力相當，兩方的武器與地理位置並無優劣之分，不過是人數方面你處於劣勢，比對手少兩個團而已，這場仗打還是不打？也許你會覺得雙方差距不大，可以放手一搏。如果真是這樣的話，根據蘭徹斯特平方定率，你絕對全軍覆沒，因為十五的平方是兩百二十五，十七的平方是兩百八十九，兩者相減之後是六十四。也就是說在戰鬥後你的部隊全軍覆沒了，敵軍還能殘留八支隊伍。雖然對方的損失也不小，因為他失去了一半以上的隊伍，但你已經沒有隊伍了。

同理，情緒的平方定律具有與此相似的特點。情緒平方定律說的是：當引起同一類情緒事件在某一時間段重複發生時，對情緒造成的累積效應不是按普通的算術來累計（即一加一等於二的方式累計），而是以幾何增長（即以平方的方式累計）。

舉例來說，一個人已經遇到了令他高興的八件事情，設定其情緒值為八，當再遇到兩件類似的事情時，增加的情緒值不是二，而是六。根據情緒平方定律，情緒作用力以平方計算，最初的八件事的情緒作用力是六十四（八的平方），而增加了兩件之後，變為十件事情，其作用力為一百（十的平方）。二者的差距為三十六（六的平方）。所以情緒的作用力實際上增加了六件類似事情的效果。

情緒平方定律在日常生活中很常見，不論是好情緒，還是壞情緒，它都會呈幾何倍數增長。比如說，早晨起床時母親唸了你一次，你會覺得心情不太好；但當父親再來訓斥你時，就不是簡單的增加同樣程度的不好的心情了。你會陷入極度的鬱悶中，你所承受的壓力也會幾何倍數的增長。

今年十八歲的小剛一直是個乖孩子，平時也很少惹父母生氣。可是正值這個年齡的孩子也有他獨立的個性。有一次因為一件小事與父親發生了爭執，父親當時心情也不好，就打了他一巴掌。小剛感覺很委屈，從小這麼大父親很少說過他，這時他去求助剛從公司回來的母親。沒想到，母親在公司裡也不順心就沒有理他。

小剛一氣之下摔門而去。走在社區裡，他感到自己被父母遺棄了。正在這時一輛汽車從他身邊經過，汽車開過一個小水坑，恰好濺到小剛身上幾個泥點。對他人來說可能這算不上什麼，可在小剛看來就是屋漏偏逢連天雨。於是他便將憤怒全部發洩在汽車和自行車的輪胎上，他偷偷的將社區的汽車、自行車輪胎全部刺破……

為什麼很多人在「禍不單行」的情況下倒下去了呢?就是因為，一個挫折人或許還能承受得住，但接二連三的打擊往往能讓人徹底崩潰。情緒的平方定律提醒我們:在遭遇挫折時，一定要尋找各種支持資源，並能及時化解，避免情況繼續惡化，出現「雪上加霜」的嚴重危機。

4　認知因素，左右情緒

篇頭導讀:認知在情緒中的作用在於判斷評估刺激物是否符合個體的需求，從而產生肯定的或否定的情緒。

情緒是對人的生理及社會需求是否得到滿足的反映。例如，當小孩子又累又睏，特別想睡覺時，家長非要他去學習，他就會表現得很煩躁。如果我們能與自己所愛的人在一起，一定會感到幸福。而認知則包括感知、思維和決策等一系列的活動，例如我們接觸一個人時，對他的外貌、言談舉止的印象，考慮他說的話有什麼含義，我們是否想跟他作進一步的接觸等等。

情緒和認知雖然都是獨立的心理過程，有自己的產生機制和變化規律，但是二者有著密切的聯繫。情緒的調節功能對認知活動的組織產生瓦解或促進的作用。一般來說，正向情緒如愉快、興趣等對認知活動產生協調、促進的作用;負向情緒如擔憂、沮喪等則產生破壞、瓦解或阻斷的作用。

現代心理學的認知學說主張情緒起源並依賴於個性對環境事件的理解、記憶、態度和動機。強調決定一個人產生這樣或那樣的情緒，或同一事件在不同的時間下對同一個人產生不同的情緒的因素，是人對環境事件的評估、願望、記憶中的經驗等，統稱為認知因素。

認知因素是如何影響情緒的呢？美國心理學家艾利斯曾提出了一個情緒困擾理論（又稱ABC理論）。在他的理論當中：A代表觸動、激發事件；B代表個人的信念系統、想法，是一個人對事件的定義解釋；C代表情緒的結果，即情緒反應。艾利斯認為，直接引起C的不是A而是B。

很多面臨挫折的人，往往習慣於訴說這樣的話「我真是太不幸了」、「我實在無法忍受這件事」等，這些都是他本人對該事件的想法和解釋B。正是由於這種想法和解釋，才產生情緒的困擾。

有一位年輕人被公司解雇了，對此事基本的判斷是他的認知觀念。如果他認為人生總有難關要過，這件事也是正常的，可以接受，那麼他就會正確的調整自己，重新選擇工作。但他如果在這件事上認為自己倒楣透了，那麼他很可能陷入悲觀情緒中不能自拔。

在認知模式層面，如果這個年輕人的認知模式是積極的、客觀的、全面的，那麼他會認清此次被辭退的客觀真實原因，也許是工作確實不適合自己，於是他能更理性的面對生活，在重新尋找工作的過程中避免犯類似的錯誤。但是，如果他的認知模式是消極的、片面的、主觀的，他可能就會認為自己挺倒楣的，或是主管有意整自己。用這樣的方式來看待人、事，就很容易出現偏差。這種認知方式在心理學中稱為歸因模式。

有些人總是把解決問題的因素歸結為自己不能掌控的方面，如他人、環境、運氣等，此為外控型；另一些人則把解決問題的因素歸結為自己能夠掌握的方面，如自己的努力、學習、準備情況等，則為內控型。

除了認知方式以外，這個年輕人還可能由於理解能力和知識背景的侷限而難以正確的認知自己被解雇的問題。如果他的認知能力很強，他就可能透過各種資訊準確判斷自己被解雇的真實原因，可能是公司的確有困難。由於認知能力強，他結合自己的專業優勢和性格特點，在分析各種就業資訊後，迅速找到新的工作；但如果他的認知能力不強，那麼他對事件就判斷的不正確，解決問題的思路就會容易遇到死角。

因此，調整心理紊亂、解除心理障礙的關鍵在於識別認知中的「差錯」，並更換新的合理的思考方式。

5　另看情緒，鐘擺效應

篇頭導讀：幸福快樂的人生本來就是由你自己決定的。

什麼是「鐘擺效應」？用物理學的話來說：當一個擺錘所處的初始位置越高，那麼根據動能和位能轉化原理，它擺過最低點後能夠到達對面的位置就越高。同樣，這種「鐘擺效應」也存在於情緒之中。

我們知道，情緒本身並沒有好壞之分，它就像世上其他事物一樣，應以對人生的成功快樂有無貢獻為衡量標準，有沒有貢獻決定了一種情緒狀態是好還是壞。

為了便於說明，我們暫且把情緒分為正面情緒和負面情緒，所謂正面情緒就是指對我們成功快樂有幫助的；所謂負面情緒就是對我們的成功快樂帶來妨礙作用的、讓我們的身心有不舒服、不愉快的感覺。在生活中，我們通常會把那些諸如憤怒、悲傷、自卑、生氣、失望、懊悔等稱之為負面情緒；把這些快樂、幸福、感恩、自信、愛稱為正面情緒。

現實生活中，總有些人因為工作或生活的壓力太大，受不了情緒上的折磨，學會了「麻木感覺」，意思是他不再對事情有同樣的情緒反應。這是一種自我保護機制，短時間內是沒有問題的，但長期如此，必會對這個人有一定程度的損害。

為什麼這樣說呢？當一個人在某一種情緒上降低了反映的強度時，他在其他的情緒上也同樣會減少。也就是說，他的負面情緒強度雖然減少了，但是他的正面情緒也同樣減少了，就像「鐘擺」一樣，擺動起來左右兩邊幅度總是一樣，心理學上將這種現象稱之為「鐘擺效應」。

這個人對別人的責罵「感覺麻木」了，不再像以前那樣憤怒了。他看了一場悲壯的電影後，不會像其他人那樣激動了：「有什麼好激動的？只不過是一場電影嘛！」同時，對一個在別人看來非常好笑的笑話，他也不會感到好笑：「這有什麼好笑的嘛？」那些不好的事不會影響他，同樣，那些令人高興的事也不會使他歡欣、喜悅了！這就像鐘擺效應一樣，左邊擺得高右邊就會擺得高，左邊擺得低右邊也擺得低。慢慢下去，最後就會變成不擺動的鐘擺，停留在正中間一點不動。

真若到了這種情況時，什麼事情都不會使他難過，也不會使他開心，對什麼事情都沒感覺，就像一個行屍走肉！日子久了，每天生活枯燥乏味。有一天他醒來會問自己：「生活的意義是什麼？每天的掙扎，難道只為延續這種沒有樂趣的存在？」

人的感覺不單純是情緒的根源，也是我們能力的所在：每一種內在的能力，例如自信、勇氣、衝動、冷靜、幽默感、創造力，都只不過是內心的一份感覺，對事情的分析判斷，也需要感覺（「做事沒有分寸」、「說話不知輕重」等都是感覺不足的表現）。記憶、學習也都需要感覺的參與。

那麼，我們如何來對待這種情緒呢？應該把自己的情緒感應的幅度儘量擴大（重回較大的擺動幅度）。這樣，每天中每一件事情給我們的滿足、喜悅、自豪、信心，我們能完全得到，心中充滿人生的意義和樂趣。偶然一次負面的打擊，雖然強度很高，但是因為每天所得到的滿足、喜悅、自豪、自信足夠多，我們也能承受，而且我們還有很多心態上的技巧去處理負面情緒。這樣我們就能夠輕鬆掌握幸福快樂的人生！

6 看法行動，受控情緒

篇頭導讀：情緒是一種可變化的持續性情感，它直接影響人對事物的看法和行動。

情緒直接影響著一個人的看法和行動。同一個人，因情緒好壞不同，可對同一件事產生完全不同的兩種甚至更多種看法和反應。比如說，一對男女熱戀，女的說：「你不嫌我胖嗎？」男的說：「胖好，楊貴妃就胖。」後來夫妻失和了，男的說：「看你胖得像頭豬，真討厭！」

人的情緒影響其對事物的看法、態度和反應，而事物又反過來影響人的情緒。兩者互相影響，互為因果。

在生活中，我們都有這種體驗：在情緒良好時思路開闊，思維敏捷，學習和工作效率高；而在情緒低沉或鬱悶時，則思路阻塞，操作遲緩，無創造性，學習工作效率低。強烈情緒會驟然中斷正在進行的思維；持久而熾熱的情緒，則能激發無限的能量去完成任務。當你對某人、某事、某物產生強烈的愛或恨的情感時，你的看法和行動就會有所改變，如常說的「情人眼裡出西施」、「愛屋及烏」等。

莎士比亞在他的話劇《凱撒大帝》中的第一幕第二場，描寫了凱歇斯和布魯圖斯的一段對話。

凱歇斯：「布魯圖斯，我近來留心觀察您的態度，從您的眼光之中，我覺得您對於我已經沒有從前那樣的溫情和友愛；您對於愛您的朋友，太冷淡而疏遠了。」

布魯圖斯：「凱歇斯，不要誤會。要是我在自己的臉上罩著一層陰雲，那只是因為我自己心裡有些煩惱。我近來為某種情緒所困苦，某種不可告人的隱憂，使我在行為上也許有些反常的地方；可是，凱歇斯，您是我的好朋友，請您不要因此而不快，也不要因為可憐的布魯圖斯和他自己交戰，忘記了對別人的禮貌，而責怪我的怠慢。」

布魯圖斯心裡的「某種不可告人的隱憂」實際上就是他對凱撒既敬又怕的情感交織，同時還有他對將要聯合眾人密謀殺害凱撒的恐懼，這幾種情緒使得他內心充滿了矛盾和煩惱，所以在行為上就出現了種種異常。

布魯圖斯的這種異常被凱歇斯察覺。雖然布魯圖斯一直用理智和意志來控制自己的行為，但是他還是露出了許多蛛絲馬跡；雖然裘利斯・凱撒沒有看出布魯圖斯心中的祕密，但這不能說明布魯圖斯偽裝得高明，這只能說明裘利斯・凱撒因為過度的自信而粗心忽略了身邊人的表現。

情緒影響人看法和行動的具體表現為：

1　情緒可以激勵人的行為，改變人的行為效率，發揮重要的動機作用。積極的情緒可以提高人們的行為效率，對動機產生正向推動作用；消極的情緒則會干擾、阻礙人的行動，降低效率，對動機產生負面影響。研究發現，適度的情緒興奮會使人的身心處於最佳活動狀態，能促進人積極的行動，從而提高效率。

2　情緒、情感是心理活動的組織者。它可以影響人們對事物的知覺選擇，維持穩定的注意或重新分配注意資源到更重要的刺激上，對人的記憶和思維活動也會產生明顯的影響。例如，人們往往更容易記住那些自己喜歡的事物，而不喜歡的東西記起來則比較吃力。

3　情緒可在人際關係之間進行傳遞，因而成為人類資訊交流的一種重要形式。情緒的外部表現主要有臉部表情、肢體表情、言語聲調變化三種形式。高興時眉開眼笑，手舞足蹈，講起話來眉飛色舞、神采飛揚；發怒時橫眉立目，握緊拳頭，大聲斥責；悲哀時語言哽咽，悔恨時頓足捶胸；失望時垂頭喪氣……所有這一切，都作為一種信號被賦予特定意義，傳達給別人，而他人亦會在接受信號的同時發出回饋信號。

顯然，情緒伴隨著我們一生，我們對於情緒的理解大幅影響我們的智慧和洞察力。比如，當我們情緒低落時要比感覺良好時更多想到自己的不如意，我們拿自己同別人相比並深信別人比我們出色，只相信那些消極的、悲觀的想法。而當我們情緒高漲時，思維方式就完全不同，我們不再胡思亂想，我們不再相信別人做得比我們好，甚至不再花精力去和他們相比較，我們會認知到大家各有各的想法，我們會盡力而為，只和自己比。在這個過程中，我們會感到精神為之一振，我們的看法和行動也會變得積極起來。

因此，當情緒低落時，要知道情緒將對你的看法和行動產生的影響。你對於情緒的理解使你保有洞察力，而且不對情緒低落時的想法過於認真，不相信你的消極和恐懼的感受，你將把它們作為情緒化的表現而將之驅散。

著名專欄作家哈理斯和朋友在報攤上買報紙，那朋友禮貌的對報販說了聲「謝謝」，但報販卻冷著臉，不發一言。

「這傢伙態度很差，是不是？」他們繼續前行時，哈理斯問道。

「他每天晚上都是這樣的。」朋友說。

「那麼你為什麼還是對他那麼客氣？」哈理斯問他。

朋友答道：「為什麼我要讓他決定我的行為？」

是啊，為什麼讓別人的情緒影響自己的看法和行動呢？現在請你記住：一個成熟的人握住自己快樂的鑰匙，他不期待別人使他快樂，反而能將快樂與幸福帶給別人。他的情緒穩定，為自己負責，和他在一起是種享受，而不是壓力。你的鑰匙在那裡？在別人手中嗎？快去把它拿回來吧！

7　個人行為，決定情緒

篇頭導讀：英國小說家艾略特曾說：「行為可以改變人生，正如人生應該決定行為一樣。」

一八八四年，美國著名心理學家威廉・詹姆士提出了情緒變化是人對自身身體變化的感知的理論。幾乎就在詹姆士提出這一理論的同時，也就是一八八五年，丹麥的生理學家、醫生卡爾・蘭格也不約而同的提出了與詹姆士的理論基本相同的情緒理論。後來，人們把它合在一起稱「詹姆士—蘭格情緒學說」。「詹姆士—蘭格情緒學說」是有關情緒的生理機制方面的第一個學說，在心理學上相當知名。

一般情況下，人們認為先害怕後逃跑，而詹姆士則認為是先跑後怕；一般人認為是先怒後鬥，而詹姆士則認為是先鬥後怒。詹姆士認為，情緒的主觀體驗（即主觀上覺得的心理狀態）只是情緒的生理變化的原因，而情緒的生理變化才是情緒的心理狀態的原因。他認為，通常的說法正是把這個因果關係弄顛倒了，這就是這個學說的要點所在。詹姆士認為，在情緒這件事上，心理變化不是身體變化的原因。怕是什麼？怕是心理活動；跑是什麼？跑是身體活動。心理活動不是身體活動的原因。

蘭格醫生的情緒理論與詹姆士的說法基本一致，不過蘭格特別強調血液循環系統的變化，如心跳等。而詹姆士所說的生理變化則是全部內臟的變化再加上肌肉的收縮，比如，眼睛看到老虎，耳朵聽到老虎的吼聲。於是，老虎的形象和聲音透過我們的眼睛和耳朵傳到大腦皮層，使我們產生了對於老虎的認知，即知道這是老虎，又聯想到老虎是很可能會吃人等（詹姆士認為此時人還沒有情緒，只是認知）。於是，由大腦皮層的外導神經通路引起肌肉的收縮（如人們看到老虎就開始逃跑或上樹）；另外，還出現心跳和呼吸加快、腎上腺素分泌增加、唾液分泌減少等生理變化。這些變化通過內導神經通路傳回大腦皮層，使人產生一種主觀的體驗，這就是情緒。

從這裡面能看出，我們採取的消極行為引發了消極的情緒，並不是消極的情緒造成了我們的生活不幸。下面的事例很能說明問題：

人們都喜愛百花齊放的春天，可是這對於十五歲的女孩王小影來說卻是件可怕的事，在她上學的路上，為了躲開那些「可怕」的鮮花，竟不得不繞道走未種花的那些偏僻小路。因為王小影對花有一種天生的恐懼。

王小影從小就得了一種怕花的怪病。王小影七個月時，她母親抱著她去親戚家參加婚禮，剛進新房，院裡響起了鞭炮聲，一隻小花貓躥上桌子，把插著花的花瓶碰倒並摔到地上。王小影見此情景非常害怕，大哭起來。

十個月時，她奶奶抱她在院子裡玩，一走近院裡種的牡丹花她就大哭起來，怎麼哄也不行，抱她離開花，就不哭了。一歲時，又帶她去串門，發現她一看見別人家床單上的花卉圖案和花瓶裡插的花就放聲大哭。家裡人這才意識到王小影怕花，但並未引起重視，認為長大會好的。但是，隨著年齡的增長，她對花的懼怕程度不但沒減輕反而更加重了。

四歲時，王小影和村裡的一群孩子跟在出殯的隊伍後面看熱鬧，當她發現棺材上的大白花和人們佩戴的小白花時，立刻轉身拼命的往家裡跑，跑到家裡已經面無血色了。她奶奶焦急的問她：「發生了什麼事？」她驚恐異常的答道：「花追著我！花張著嘴追著我來了！」逗得全家人哄然大笑。

六歲時，她上了幼稚園，剛去就遇到文藝節目排演。她們班女同學的節目是手持紙花跳舞，這下可觸犯了她的大忌，說什麼也不肯參加排演。以後漸漸發展到只要是花她就害怕，無論是布上、紙上的花卉圖案，還是紙花、塑膠花、鮮花，她都怕得不得了。

同學們都知道她怕花，常跟她開玩笑，故意往她身上丟花，嚇得她面色蒼白，手腳冰涼，甚至上課時她也不能集中注意力聽老師講課，總要東張西望，唯恐窗外有人把花丟進來掉在她身上。在她的心理，花是那麼可怕，使得她生活不寧，成績下降。

王小影的父母意識到問題的嚴重性，於是帶著王小影去看了心理醫生。心理醫生認為，王小影怕花是因為患上了恐懼症而產生的膽怯心理。王小影因為小時候受到過驚嚇，是由鞭炮——花貓——花瓶——花所產生的連鎖效應，於是在心理留下了深深的陰影，以至於長大後影響了她的正常生活。

從另一個角度來看，王小影小時候的「怕花」的消極行為，一直沒有得到正確的引導，才使她以後的心態變得越來越糟。

要想化解生活中的困難，擺脫消極情緒的困擾，最需要的是積極的行動，在行動中累積「不怕」的實力。在行動的剛開始，我們肯定還會存在著各式各樣，或多或少怕的恐懼心理和消極情緒。但沒關係，只要堅持做下去，不因「怕」而退卻，不過度害怕這種「怕」，我們就會變「很怕」為「不太怕」，最後變為「很不怕」。

讓我們再次回顧詹姆士的名言：「人不是因為害怕而逃跑，而是因為逃跑而害怕，人不是因為傷心而掉淚，而是因為掉淚而傷心」。

8 情緒不好，健康受損

篇頭導讀：人是血肉之軀，有情之物，有「七情」、「六欲」。情志和欲望的變化是人之常情，心態的變化和情緒的波動是不可避免的。但是，切不可小視情緒，好的情緒有助於健康，壞的情緒可毀掉健康。

關於健康，曾有這樣一個比喻：假設一個人有一億，前面的1代表健康，後面的0代表你的房子、車子、妻子、兒子、金子等，如果沒有前面的健康1，後面的再多也都等於0。所以健康對每個人是很重要的，有了健康就有了一切。

身體健康與情緒的關係連結得非常緊密，它們是互相制約、互相促進。身體可以直接影響情緒，而情緒反過來也可以影響身體健康。

好的情緒有助於健康。科學研究證實，勇敢、堅定、鎮靜坦然以及樂天知命的積極情緒會刺激腦下垂體分泌激素，能夠讓激素達到最佳的平衡狀態，使身體器官保持和諧。那些有著豐富臨床經驗的醫生，都曾碰到這樣的事，很多被斷定命不長久的病人創造了醫學奇蹟，而他們並沒有服用特殊的藥物。

與之相對應的是：壞的情緒可毀掉健康。著名生理學家巴夫洛夫曾說：「一切頑固沉重的抑鬱和焦慮，足以給多種疾病大開方便之門。」科學證明，最能致人短命夭亡的要數不好的心境和惡劣的情緒，如憂慮、頹喪、懼怕、嫉妒、憎恨、怯懦等。具體表現如下：

1　引發癌症

現代醫學認為，負性情緒（如焦慮、抑鬱、憤怒、恐懼、沮喪、悲傷、痛苦、緊張等）若超過人體生理活動所能調適的範圍，就可能與其內外因素交織在一起，導致癌症的發生。

曾有媒體報導過這樣一件事情：一對中年夫妻家庭和睦幸福，有一天，丈夫在上班的路上遭遇車禍不幸故去，妻子聞訊後痛不欲生。事情過後，她整天以淚洗面，情緒極度壓抑，茶不思、飯不想，嚴重失眠，連親人也不願見。出事後的第三個月，她發現自己有黑便，到醫院做胃鏡檢查，確診為胃癌，術中見腹膜和腹腔淋巴結已廣泛轉移，雖全力救治，但病人不久即辭世。

為什麼會出現這種情況呢？大量的醫學研究表明，情緒和精神創傷所導致的免疫力下降會成為癌細胞活化劑，使人們易患癌症。

2　引發心臟病

美國一位醫學專家指出，牢騷滿腹、憤世嫉俗的人容易死於心臟疾病。美國心臟病專家弗里德曼和羅森曼透過大量臨床和實驗，總結出「冠心病性格」，其特點是：性格暴躁，爭強好勝，情緒波動大，常懷戒心和敵意。這種人醉心於工作，總覺時間緊迫，行動快，效率高，卻又缺乏耐心。與人為敵的不信任態度常常容易使其體內的腎上腺素和其他主要內分泌激素急速上升，結果導致患冠心病和其他疾病的危險性增加。要使自己成為心平氣和的人，必須拋棄與人為敵的處世哲學，對人要採取信任的態度，待人誠懇，遇事要三思而行。

3　引發糖尿病

雖然糖尿病是由各種因素共同導致的全身性代謝疾病，但是糖尿病的產生、發展和人的性格、應付問題的方式以及心理承受能力等心理因素密切相連。一般來說，人在極度憤怒、恐懼、悲痛等狀態下，交感神經的興奮性增高，會使肝臟中的肝糖原釋放進入血液，以滿足大腦等重要器官的能量需要。本來糖尿病病人的胰島素分泌就不足，一旦血糖升高，胰島素則更加缺乏，致使血糖持高不下。病人會出現「三多一少」，乃至精神煩躁等症狀。

在各種負面情緒當中，尤其以抑鬱的情緒對糖尿病的影響最為明顯。美國糖尿病協會研究發現，百分之二十一的患者在被確診為糖尿病之前，都曾有過一段時間的抑鬱症。結果顯示，糖尿病患者比非糖尿病患者更容易受到抑鬱症的困擾，而抑鬱症也容易誘發糖尿病。

4　易引發胃病

美國心身醫學家沃爾夫曾經直接觀察了情緒引起的胃的生理變化。他透過一個做過「胃漏」手術達六十年之久的病人進行長時間的觀察，結果發現胃時時都在自覺或不自覺的受到主人思想情緒的影響。當病人憤怒、怨恨或焦慮時，胃和臉一樣充血而發紅，並且可以感到許多的胃酸腐蝕胃粘膜；當病人悲傷、沮喪或憂鬱時，胃粘膜就變得蒼白，胃液分泌不足，胃的活動也減少。此時，即使把食物硬放進胃中也不易被消化，而且還會損傷胃壁。

5　引起皮膚變化

很多人經常會發現，當自己心情好的時候，感覺自己的皮膚也非常的明亮，光滑細膩。而心情不好的時候呢，皮膚顏色晦澀，連雀斑的顏色都加深了，抹上一層厚厚的化妝品依然無濟於事。大概很多人認為這是自己的心情導致眼睛出錯，並不是皮膚真的有變化。

然而，醫生告訴我們，你的眼睛沒有錯，真的是皮膚出現了問題。一個人情緒的好壞，不僅會影響到各個臟器的生理功能，也會直接影響到皮膚。如果一個人長時間鬱鬱寡歡、焦慮愁悶，就會使體內合成過多的黑色素。這些黑色素堆積於表皮細胞當中，使皮膚變得灰暗無光，甚至導致色斑的形成。而且，負面情緒還會導致人神經衰弱，讓人失眠、健忘，間接影響皮膚血液供應，導致面容暗淡無光、眼圈發黑、皮膚晦暗等一系列問題。因此，你不為別的，就為了擁有一張漂亮的臉蛋，你也要保持良好的情緒。

除此之外，不良情緒還會給我們帶來的很多問題。如脾氣不好的人更容易感冒，生氣、恐懼、焦慮等不良情緒最容易引起肌肉緊張，頭痛也是一種最明顯的情緒性疾病……

因此，我們在追求身體健康的時候，不能忽視情緒的重要作用。

9 成熟情緒，自有標準

篇頭導讀：情緒是認識和洞察人們內心世界的重要尺度之一，它標示著個性成熟的程度。

隨著年齡的增長，每個人在情緒上都會趨於成熟。當不如意的時候，我們不再會賴在地板上跺腳大哭；當別人惹惱了我們，我們也不再是拳腳相待；我們也不再會因為把事情弄糟而哭泣。不過，還是應該來想想，自己在情緒上到底成熟到哪一步？

美國著名心理學家赫洛克對情緒成熟問題提出了以下四條標準：

1 能保持身體健康：對因疲勞、失眠、頭痛、消化不良等疾病引起的情緒不穩定，自己有控制能力。

2 有行動控制能力：能考慮到行動的後果和社會的限制。

3　消除緊張情緒：能使緊張情緒向無害方向發展，而不是壓抑這種情緒。

4　對社會有一定的洞察力：能夠透過自己的分析思考，對各種社會現象作出較正確的判斷。

我們要具體了解自己的情緒是否成熟，還可以參以下情緒成熟的十大條件。由此，你大致上可以了解自己的成熟程度有多少，從而自覺而有效的控制和調適自己的情緒。

1　成熟的人懂得適應環境。他懂得因適應環境的需要而設計自己的行為與目標。如果自己的能力達不到自己既定的目標，懂得隨機應變，對自己的目標進行適當的調整，而不會強迫自己去做力不從心的事情。

2　成熟的人做事會深思熟慮，不會輕率為之，有自己的理想和抱負。如果認為理想是可達到的話，不惜放棄目前的享受而繼續奮鬥，以實現自己的心願。

3　成熟的人有工作能力及責任感。如果是為爭名奪利才拼命工作或滿足自己的欲望，並非出於責任心，這都不能算成熟。

4　成熟的人有自立能力，不喜歡依靠別人，更不會要求別人幫助或同情。

5　成熟的人有自主能力，知道什麼是該做的，什麼是不該做的，絕不會做一些事後追悔的事。

6　成熟的人能夠虛心接受別人善意的批評或建議，而且有承認自己過失的肚量。不會因為別人批評而大發雷霆，亦不會推卸責任。

7 成熟的人懂得愛護自己，也懂得關懷別人，做事能夠公私分明，不會假公濟私，所以飽和任何人（包括他不喜歡的人）都能合作得很好。

8 成熟的人有自強的精神，不容易被人動搖其意志，有時也會因堅持己見而與別人爭論。

9 成熟的人遇到挫折，會懂得在心理上自我防衛，如安慰自己「塞翁失馬，焉知非福」，凡事都能想開一點，不會因為挫折而意志消沉。

10 成熟的人對自己的婚姻生活有正確的見解，也會體諒對方的需要（包括家庭生活），所以是一個好伴侶。

在生活中，我們很難找到一個十全十美的情緒成熟的人，成熟也不是一天兩天就可以修煉成的，它是知識和閱歷的結合。但我們可以由別的方式來讓自己儘快的成熟起來，比如找一個自己欣賞的人為學習的對象，這個人可以是父母、老師，也可以是身邊比自己成熟的人。學習他們的言行舉止，待人接物的態度等。人是透過模仿而成長的，適當的模仿能夠讓自己儘快的成熟起來。

10 情商智商，前者更重

篇頭導讀：情商蘊涵著一種悟性，一種技巧，一種能力。只要能調動情緒，就能調動一切。

前不久，美國發表了一份權威調查報告，報告顯示了美國近二十年來政界和商界成功人士的平均智商僅在中等，而情商卻很高。社會心理學家認為，一個人是否能取得成功，智商只有百分之二十的決定作用，其餘的百分之八十來自其他因素，最關鍵的是情感智慧，亦稱情商。由此看來情商比智商重要得多。美國《紐約時報》科學專欄作家、心理學博士丹尼爾・葛爾曼一九九五年曾概括了「情商」的五個面向：

1　自我覺察。即某種感覺一產生你就能覺察到。這種能力是情感智慧的基石。對自己的情緒了解得比較清楚的人，比較善於駕馭自己的人生。只要努力練習，我們就能對自己的直覺有更敏銳的覺察力。掌握感覺才能成為生活的主宰，面對學習、工作等人生大事才能有所抉擇。

2　駕馭心情。跟好心情一樣，壞心情也為生活增添趣味，關鍵是必須保持平衡。我們情緒激動時往往不能自製。但是我們能決定讓這種情緒左右多久。

3　自我激發。有專家針對奧運選手、世界級音樂家和國際象棋大師做過研究，發現這些傑出人物有個共同特徵：能激發自己苦練不輟。要激發自己去爭取成就，首先要有明確的目標，以及「天下無難事」的樂觀態度。你為人是樂觀還是悲觀，也許是天生的，但只要肯努力去練習，悲觀的人就能學會比較開朗。保持高度熱忱是一切成就的動力，就是說不斷的給自己定目標，不斷的前進，這在個人成就過程中是一個非常重要的因素。

4　控制衝動。在美國史丹福大學曾做過這樣一個試驗，研究人員告訴小朋友，桌上有一顆糖，但如果他們能等到研究人員做完一些事情，就可以拿兩顆。有些小朋友立刻就拿了，其餘的卻在那裡等了對他們來說漫長的二十分鐘。在後續調查中發現，那些四歲時就能為了要多拿一顆糖而等待二十分鐘的人，到了少年時，照樣能夠為了達到目標而暫時克制心中的喜好。他們待人處事比較圓熟，比較果斷，也比較善於克服人生中的挫折。相反，那些著急拿一顆糖的孩子到了青少年階段，大多比較固執、優柔寡斷和容易精神緊張。

5 人際關係。在與他人相處時，察言觀色、善解人意是很重要的。良好的人際關係技巧是非常重要的。有研究發現那些表現突出的人，其人際關係都很好，交遊廣泛。

在二十一世紀這個嶄新的世紀裡，情商將成為成功領導中最重要的因素之一。比如在許多員工和自己的親人因恐怖攻擊喪生的時刻，某公司執行長 Mark Loehr 讓自己鎮定下來，把遭受痛苦的員工們召集到一起，說：我們今天不用上班，就在這裡一起緬懷我們的親人，並一一慰問他們和親屬。在那一個充滿陰雲的星期，他用自己的實際行動幫助了自己和他的員工，讓他們承受了悲痛，並把悲痛轉化為努力工作的熱情，在許多企業經營虧損的情況下，他們公司的營業額卻成倍上漲，這就是情商領導的力量，是融合了自我情緒控制、高度忍耐、高度人際責任感的藝術。

曾經有個記者刁難一位企業家：「聽說您大學時某門課重考了很多次還沒有通過。」這位企業家平靜的回答：「我羨慕聰明的人，那些聰明的人可以成為科學家、工程師、律師等等，而我們這些愚笨的可憐蟲只能管理他們。」要成為卓越的成功者，不一定智商高才可以獲得成功的機會，如果你情商高，懂得如何去發掘自己身邊的資源，甚至利用有限的資源拓展新的天地，滾雪球似的累積自己的資源，那你也將走向卓越。

兩千零三年，李開復接受採訪時說：「情商意味著：有足夠的勇氣面對可以克服的挑戰、有足夠的肚量接受不可克服的挑戰、有足夠的智慧來分辨兩者的不同。」他十分認同「要建立由品德、知識、能力等要素構成的各類人才評價指標體系」。

關於情商，李開復認為要善於與人交流，富有自覺心和同理心。自覺心就是我們常說的「有自知之明」，對自己的素質、潛能、特長、缺陷、經驗等有一個清醒的認識，對自己在社會工作生活中可能扮演的角色有一個明確的定位。而同理心，就是將心比心。

這個世界上沒有絕對「完美」的人才！在上面所說的關於李開復的採訪中，李開復舉了比爾·蓋茨的例子。比爾·蓋茨是一個非常謙虛的人。很多年前，在Windows還不存在時，他請一位軟體高手加盟微軟，那位高手一直不予理睬。最後禁不住比爾·蓋茨的「死纏爛打」同意見上一面，但一見面，就劈頭蓋臉譏笑說：「我從沒見過比微軟做得更爛的作業系統。」

比爾·蓋茨沒有一點惱怒的意思，反而誠懇的說：「正是因為我們做得不好，才請您加盟。」那位高手愣住了。蓋茨的謙虛把高手拉進了微軟的陣營，這位高手成為了Windows的負責人，終於開發出了世界最普遍的作業系統。

李開復說，對於增強情商不妨去學習學習第五級領袖的那些特徵。第五級領袖的特徵是謙虛、勇敢、執著。他們不自我膨脹、不吹噓自己、不霸占大權，而總是以公司為重，放權給能幹的人。「史蒂夫・巴爾默，微軟的執行長，是近年來對我影響最深的人。」李開復說，「幾年前的巴爾默就像個果斷的老闆，凡事喜歡一手抓，而且，總是在最前線鼓舞士氣。做了執行長後，他放權給公司七大部門的負責人，不再做每件大事的最後決定人，而更支持七個部門負責人的成長。他不再做一個最有煽動力的啦啦隊員，而是一個幕後的教練。他把自己對競爭對手的研究轉換成對人才的研究。」李開復說。「巴爾默的行為對我很有啟發。在我對任何要求回答『我做不到』之前，我總會想到巴爾默可以做到，我為什麼不試試？他這個榜樣幫助了我的成長。」

智商與情商的高低就同人身上的優缺點一樣，也能受到人們自身的控制，而一些名人與普通人的差別，就在於他們找到自己的缺點，利用了自己的優點。

11 情緒傳染，不可不明

篇頭導讀：情緒是可以改變的，全在於你的信念。

看過這樣一個真實的故事：美越戰爭初期，一隊美國士兵在稻田與對方激戰。這時，戰場上突然出現了六個和尚，他們排成一列走過田埂，毫不理會猛烈的炮火，鎮定的一步步穿過稻田。當時的指揮官大衛・布西在回憶那段往事時說：「這群和尚目不斜視的筆直走過去，奇怪的是竟然沒有人向他們射擊。他們走過去以後，我突然覺得毫無戰鬥情緒，至少那一天是如此。其他人一定也有同樣的感覺，因為大家不約而同停了下來，就這樣休兵一天。」

從心理學角度而言，說服與感染的作用是完全不同的。被說服者一般是處於理性狀態的，隨時有可能因為客觀環境的變化而改變。但被感動的人的依從心理已經直達內心，將依從行為內化為主動行為。在每一次與人交往的過程中，我們都在不斷的傳遞著情感資訊，影響著周圍的人，同時也在不斷接受他人的情感資訊。在多數的情況下，這種交流與感染是比較間接與隱祕的，不為大多數人所察覺的，但這種感染作用的確存在，人們都喜歡與熱情大方開朗的人接近，從他們身上可以感受到蓬勃向上的生命的力量，難道他們不曾憂鬱、悲傷與痛苦嗎？當然不是，他們所掌握的不過是懂得如何將情緒在合適的時間和地點投射到他人身上而已。

現代心理學指出，在外界作用的刺激下，一個人的情緒和情感的內部狀態和外部表現，能影響和感染別人。在一種情緒的影響和感染下，產生相同或相似的情感反應，叫做情緒共鳴。我們閱讀文學作品，或者欣賞藝術作品，都有過這樣的經驗：你閱讀一部文學作品，到動情的時候，或者怦然心動，或者潸然淚下；當你欣賞一幅藝術名畫，比如說，描繪大自然的美景的油畫，這個時候你可能瞬間的感到物我合一，感到你與大自然的一種契合。這正是情緒共鳴的作用。

有個故事你知道嗎？一次，在上演話劇《白毛女》的過程中，由於劇情感人，演員演技高超，表演得出神入化，大家正看得出神的時候，觀眾中的一個軍人突然舉槍對準「黃世仁」，幸虧被人及時制止，否則現在可能就沒有了著名的表演藝術家、當時「黃世仁」的扮演者陳強老先生了。

那個軍人為什麼要向陳強開槍呢？是他們之間有仇，還是有怨？都不是。是「移情」從中起了作用。那麼，什麼是移情呢？移情也就是感情移入，心理學家斯托特蘭德將其解釋為：「……

由於知覺到另一個人正在體驗或要去體驗一種情緒而使觀察者產生的情緒性的反應。」藝術作品的感染力，大多數都具有情緒共鳴的成分。欣賞者由於對作品的理解，產生相似相同的情緒情感體驗，才能理解作者的思想情感，與作者同聲相應，同氣相求，愛其所愛，憎其所憎。這樣，藝術作品才能實現它的價值。

既然一種可以影響傳染另一種情緒，同樣的道理，心理學家就想到，可以用情緒共鳴來治療某些心理疾病。我們在生活中有時有好的情緒，有時不得不被壞的情緒所支配。所以當我們心理不健康的時候，心理學家們就想出了利用良好的情緒來感染我們的壞情緒，使我們的情緒恢復到良好的狀態。用我們自己的好心情給別人帶來愉快，而不要讓不良的情緒無限蔓延下去。而且我們要懂得原諒別人。當別人對我們不友好時，不一定是真的對我們有什麼惡意，也許是他遇上了什麼不順心的事，一時轉不過彎來，不知不覺就把氣發洩到我們身上。對這樣的人，我們也不必過於計較，要儘量寬容為懷，選擇有益自己和他人的發洩方式。

成功的人，不但善於控制自己的情緒，而且還為自己準備一個安全的情緒活塞，以便無法自我控制時，把它打開。因為它是一種無害的發洩方式。

兩百多年之前，詩人德來登便把一句拉丁成語改編成這樣：「你們要當心一個有耐心者的憤怒。太長時間受壓迫的情緒，一旦放鬆的時候，便會釀成最激烈的爆發。」人際關係中的一個基本定理就是情緒的相互感染，這是影響力的一個重要表現。人們在交往中，彼此傳輸和捕捉相互的情緒資訊，並彙聚成心靈世界的潛流，透過這股潛流的湧動來感染影響對方的情緒。對這種情緒控制的能力越高，社交中的影響力就會越大，你能做出的成就也會越大。

12 情緒指數，運用正確

篇頭導讀：一個人情緒經常低落，並不是因為這個人生來就是一個情緒指數低的人，更主要在於他對很多事情的期望過高。

一個人的情緒如何會對自身的身體健康產生直接的影響？心理學家經過研究得出結論：情緒指數＝期望實現值／內心期待值。

當期望實現值超過內心期待值的時候，情緒指數就大於一，由於內心欲望得到滿足，人們的情緒就呈現興奮狀態。情緒指數越大，人們的情緒越興奮；相反，當情緒指數小於一，期望實現值比內心期待值小的時候，由於內心欲望沒有得到滿足，人們的情緒就會出現壓抑狀態，不高興。

人的情緒指數反映的是一個人在某種條件下的情緒狀況，它並不是一個常數。當條件變化了，情緒指數也會變化的。

我們在運用情緒指數時，可以透過適度的調整期望值和提高實現值，達到保持心理平衡，情緒穩定、增進健康的目的。比如在男女擇偶、升學、就業、晉級及處理與同事關係、夫妻關係時，都應合理運用這個公式，免除不切實際的期望帶來的苦惱，讓快樂常駐你的身邊。

下面的故事就是一典型：

芳芳下班回家，推開房門，發現丈夫冬冬正坐在沙發那抽菸。「咦，他怎麼又抽菸了？昨天不是高高興興的說定今天戒菸的麼？」

於是，芳芳悄悄的走到冬冬背後，一把奪下他手中還剩下的大半隻菸。芳芳抿著嘴，期待著冬冬的道歉。

想不到今天的冬冬一副不高興的神態：「你怎麼像賊一樣，沒有一點動靜，把我嚇了一大跳！」

「誰叫你不守信用。」芳芳笑著說。

「什麼信用不信用，抽幾隻菸也要管！」冬冬一把奪回那半隻菸。

「怎麼啦，你今天說話總是這麼衝？」

「誰叫你來煩我，離我遠點！」

芳芳今天心情還算不錯，她見丈夫不高興也就走開了。要是她今天心情不好，說不定會發生一場「戰爭」呢？

為什麼冬冬今天一反常態呢？原來，昨天冬冬因品質檢查把關嚴而在公司裡受到了嘉獎，心裡非常得意。芳芳見他高興也就舊事重提，要他戒菸。冬冬倒也爽快，一口答應了芳芳的要求。可是今天上班，他受了窩囊氣。工廠裡幾個工人見到返修的零件，到檢驗組找冬冬吵了一架。臨走時還說冬冬欺負了別人，讓自己獲利。聽了這些閒話，冬冬心裡非常氣，回到家裡就悶悶不樂的抽起菸來。

冬冬昨天受嘉獎，原先並沒有想到，所以顯得特別高興；今天受諷刺，也出乎意料，因此平添煩惱。

從以上我們可以看出，冬冬今天的情緒指數就很低，從他這方面來說，爭吵是最容易發生的。但由於芳芳善於「察言觀色」，見冬冬不高興，就和他脫離接觸，後來又設法使他高興起來。所以小倆口到晚上又恢復了親密關係，冬冬還重新表示要信守諾言呢！

那麼，在現實生活中，情緒指數如何具體應用呢？

1　確定合理的期望值。做任何事情之前，一定要確定合理的期望值。也就是說，這個期望值應當是經過努力可以實現的。

2　注意運用「層次期望」。所謂「層次期望」，就是把期望分成若干層次。一般分為基本期望和爭取期望，這樣比只有一種期望值更靈活。在具體做法上，要有先有後。如「從最壞處準備，向最好處努力」，也同樣包含了「層次期望」的道理。

3　努力尋找心理上的「合理化」。所謂「合理化」，就是尋找影響情緒的「合理」原因，以補償和減輕心理上的損傷。比如某人丟了錢，心情很鬱悶，這時你勸他：「就算你晚一年加薪吧。再說，丟了錢，買個教訓，以後注意就行了。」這樣，丟錢的人就會從不愉快中解脫出來。當然，不是任何事情都能「合理化」的。「合理化」有利於調整情緒，激發起人們樂觀向上的精神，調動人的積極性。

4 學會縮小雙方的情緒差距。這種方法習慣上也叫做「冷處理」。具體方法是：在雙方情緒指數差距較大時，高的要讓低的，心情好的要讓心情不好的；在雙方情緒指數都低時，要注意尋找能使雙方情緒指數提高的事情，以增加共同語言；如果雙方的情緒比較對立，則以暫時脫離接觸為宜，等一方或雙方冷靜下來，自我克制能力提高以後再解決。

5 學會硬著頭皮聽氣話。所謂「氣話能消氣」，就是氣話說過之後，情緒就可能慢慢好起來，這也是心理上的一種平衡。所以，與其壓抑、不如誘發，使其一吐為快，然後再化解矛盾。然而，要做到這一點，首先自身的情緒應該是好的，這樣才能感染別人。

13 健康情緒，標準分明

篇頭導讀：健康的情緒是健全人格的必要條件之一。

情緒是由適當的原因引起的：歡樂的情緒是由可喜的現象引起的；悲哀的情緒是由不愉快事件或不幸的事情引起的；憤怒是由於挫折所引起。特定的事物引起相應的情緒是情緒健康的表現之一。如一個人受到挫折反而高興，或受人尊敬反而憤怒，則是情緒不健康的表現。那麼，怎樣的情緒才屬於健康的情緒呢？其標準主要有以下三點：

第一點：情緒的目的性明確、表達方式恰當。情緒健康的人能透過語言、儀表和行為準確的表達自我的情緒，能夠採用被自己和社會所接受的方式去表達或宣洩自己的感覺。

第二點：情緒反應適時、適度。情緒健康的人其情緒反應，不論是積極的還是消極的，都是由一定的原因引起的。情緒反應的適度與引起該情緒的情境相符合，情緒反應的時間與反應的強度相適應。

第三點：積極情緒多於消極情緒。情緒健康並不否認消極情緒存在的合理性和它的意義，但情緒健康者必須是積極情緒多於消極情緒，而且所出現的消極情緒時間短、程度輕、對象明確。

一個人的情緒是否健康，如缺乏客觀標準，自己很難知道。根據上述特點，你不妨做一番自我診斷。一旦發現自己情緒有不正常的表現，就應當迅速的加以調整，以促進身心健康發展。

日常生活中，我們怎樣才能克服消極的、不良的情緒呢？

1. 學會忍耐。當我們遇到困難、不幸，遇到令人不愉快和使人生氣的事情時，自覺的克制自己，忍受內心的痛苦和不快，不發表激動的言辭，不進行衝動的行為，這樣可以防止過激的行動。
2. 適時發洩。如果你在不能用行動消除不良情緒時，你可以改用語言來宣洩自己的情感。在私下或與知心朋友中發洩心中情緒。採取的形式是用過激的言辭抨擊、抱怨惱怒的對象，或是盡情的訴說自己所認為的不平和委屈等。需要注意的是，有不良情緒的人，欲採取發洩法來克服時，必須增強自制力，不要隨便發洩不滿或者不愉快的情緒。要採取正確的方式，選擇適當的場合和對象。

3　轉移注意力。轉移注意力可產生控制不良情緒的作用。心理學認為，在發生情緒反應時，大腦中心有一個較強的興奮中樞，此時如果另外建立一個或幾個新興奮中樞，便可抵消或沖淡原來的情緒。因此，當自己生氣時，有意識的做點別的事情來分散注意力，或使情緒得到緩解。如下棋、打球、看電影、散步等正當而有意義的活動，都可以放鬆緊張的情緒。

4　自我安慰。當自己受到挫折或無法實現目標時，為了避免精神上的痛苦或不安，可以找出一種合乎內心需要的理由來說明或辯解。如為失敗找一個冠冕堂皇的理由，用以安慰自己，或尋找理由強調自己所有的東西都是好的，以此沖淡內心的不安與痛苦。但這種做法只能作為緩解情緒的權宜之計，且不可長期使用。

5　學會幽默。幽默是一種特殊的情緒表現。也是人們適應環境的工具。具有幽默感的人，生活充滿風趣。很多看來令人痛苦、煩惱的事情，用幽默的態度去應付，往往使人變得輕鬆起來。

14 情緒體驗，表達正確

篇頭導讀：以恰當的方法表達自己的情緒是情緒健康最根本的要求。

在有些人看來，調適和控制情緒就是克制和約束某些情緒的表達，這樣就造成了很多人不假思索、一味的壓抑自己，正所謂「喜怒不形於色」，從健康的角度來說是很不利的。實際上，比學會克服、約束某些情緒更重要的是，以恰當的方式表達自己的情緒，這才是情緒健康最基本的要求。

那麼，我們應該怎樣正確的表達自己的情緒呢？

第一，要有情緒表現。當我們面臨生活事件時，該高興就高興，該生氣就生氣。我們不能過分張揚，也決不能過分壓抑自己。

就拿「憤怒」這一情緒來說：不同人處理憤怒的方式是不同的，有的人「一點就著」，很容易被激怒，也有的人則過分壓抑憤怒。這兩種類型的人，都需要正確的做好憤怒的「情緒管理」，否則就會引起心理疾病。

不善於「制怒」的人常常會因為不考慮時間、場合、對象，胡亂的發洩憤怒而給自己惹來不少麻煩，輕則得罪朋友、家人，重則導致丟飯碗、離婚等不良後果。這樣的人，人格往往具有相當的衝動性，耐受憤怒情緒的能力很差，傾向於以「見諸行動」的方式來暫時緩解內心的壓力，可是這樣的「見諸行動」常常會導致更加困難的處境，招致對手的報復反擊。這樣的人應該學會提高耐受憤怒的能力，學習理智的面對遇到突發的問題。

過分壓抑憤怒情緒的人，早年家庭環境往往具有抑制情感表達的特點，父母教養方式傾向於過多懲罰和責備。這樣的人往往表現得溫順而顧全大局，在外人看來是一個「老好人」，而內心卻壓制著如烈火般的情感。如一座沉默的火山，外表是平靜的，而內心卻是洶湧的岩漿，長期壓抑情緒的結果，或者可能導致某一天在忍無可忍的情況下來個「總爆發」，或者導致抑鬱症和各種心因性疾病。這種人可在心理醫生的幫助下，練習直接用語言去表達自己的情感。

第二，表達方式要適度。有了情緒就要表現出來，但要看場合、情境，表現的方式要適度。這裡的方式主要是指情緒行為的內容和強度。

有了情緒應該適度表達，過度就會對自己不利，而生活中人們選擇後者占多數。為什麼這樣呢？荷蘭哲學家斯賓諾莎這樣說過：「當一個人受制於自己的感情的時候，他便不能做自己的主人。」

楊錚大學畢業後，就不斷的發履歷應徵，沒多久便有一家大公司回覆他去面試。當楊錚推開面試室的門時，三位面試官一臉冷漠的看著他，楊錚感覺到背後一陣涼意。面對面試官的冷眼，楊錚還是在他們面前坐了下來。接下來的情況更是讓楊錚很不自在。面試官一個接一個的問題，讓他覺得像在接受拷問一樣，而且，三雙炯炯有神的眼光直盯著他，他讓覺得自己好像一個透明人一樣。於是，楊錚有點失去知覺了。他開始答非所問。最後，楊錚當然無法通過面試。面對一次又一次的面試，楊錚承受的只有失敗。最後，楊錚去看了心理醫生。心理醫生告訴他，他失敗的真正元兇是焦慮情況。

大學生剛開始參加面試難免心中會產生焦慮情緒，但是像楊錚這種過度的焦慮是導致他面試失敗的直接原因。因此，我們說情緒的表達方式一定要適度，否則過猶不及。

雖然情緒是與生俱來的，但是，恰當的表達自己的情緒卻是後天學習的結果。在青少年時期，開始學習了解自己的情緒特別重要。這是因為能夠自由的體驗不同的感受，並將它融入自己心理的不同層面，是一個人成熟的表現。

第二章　人生苦樂，自己把握

漫漫人生路，有苦有樂，有酸也有甜。世界上最永恆的幸福就是平凡，人生中最長久的擁有就是珍惜。苦樂人生，苦也是人生，樂也是人生。苦中有樂，苦中求樂，樂不癡迷，樂不忘憂，人生自然就有滋有味，苦亦樂矣。

1 保持淡然，心境舒適

篇頭導讀：淡然不是冷漠，也不是消極處世，對事物不聞不問，它是閱盡滄桑後的醒悟，是了然於胸的大度，是不以物喜，不以己悲的超脫，是坦然面對一切的平靜。

什麼是淡然？很簡單，淡然就是一種「不以物喜，不以己悲」，凡事都以一顆平常心看待的心態。即無論面對失敗還是成功，都要保持一種恆定淡然的心態，既不因一時的成功而驕傲自滿，也不因一時的失敗而妄自菲薄。大發明家湯瑪斯．愛迪生就是一個典範。

一九一四年，愛迪生的實驗室發生了一場大火，損失超過兩百萬美金，愛迪生一生的許多成果在大火中化為灰燼。

在大火最凶的時候，愛迪生的兒子查爾斯在濃煙和廢墟中發瘋似的尋找他的父親。這時愛迪生平靜的看著火勢，他的臉在火光搖曳中閃亮，他的白髮在寒風中飄動著。

「查爾斯，你快去把你母親找來，她這輩子恐怕再也見不著這樣的場面了。」

第二天早上，愛迪生看著一片廢墟說：「災難自有它的價值，瞧，這不，我們以前所有的錯誤、過失都給大火燒了個一乾二淨，感謝上帝，這下我們又可以從頭再來了。」

火災過去不久，愛迪生發明的第一部留聲機就問世了。

任何人遇上災難情緒都會受到影響，這時一定要坦然面對。面對無法改變的不幸或無能為力的事情，應該抬起頭來對天大喊：「這沒有什麼了不起的，它不可能打敗我。」或者聳聳肩默默的告訴自己：「忘掉它吧這一切都會過去！」

可以說，淡然是一種智慧，是一種參透事物的本然，大徹大悟的智慧，是一種超然的覺悟。

淡然不是冷淡，不是與世隔絕，不是眾人皆醉我獨醒的狂放。淡然是一種處世的心態，是積極面對人生，坦然面對生活的態度。淡然的人不會偏執於一事一物，一時一利的得失，淡然處世，要有寬廣的眼界，博大的胸懷，可以包容他人，同時也包容自己。

淡然要有一顆平常心，可以平靜的看待所遇到的人和事，而要有一顆平常心，則必須經過生活的磨礪，參透一些事物發展的規律，靜能生悟，水止而能照物。參透了事物的發展規律，不在為一些小事而耿耿於懷，練就一顆豁達的心，才有可能讓自己的心態平和、平靜下來。

有這樣一則故事：有一位富有的地主，他在巡視穀倉時，不慎將一隻名貴的手錶遺失在穀倉裡，他因遍尋不獲，便定下賞金，要農場上的小孩幫忙尋找，誰能找到手錶，獎金五十美元。眾小孩在重賞之下，無不賣力搜尋，奈何穀倉內都是散置成堆的穀粒及稻草，大家忙到太陽下山仍無所獲，結果一個接著一個都放棄了。只有一個貧窮小孩，為了那筆巨額賞金，仍不死心的尋找著。

當天色漸黑，眾人離開，人聲雜沓靜下來之後，他突然聽到一個奇特的聲音。那聲音「滴答、滴答」不停響著，小孩立刻停下所有動作，穀倉內更安靜了，滴答聲也響得更為清晰。

小孩順著滴答聲，找到了那隻名貴手錶，如願以償的得到了五十美元。

可見，保持平靜淡然的心能夠讓我們有所發現，保持淡然才能像鏡子一樣反照萬物，靜觀自得，倘若波濤洶湧，又豈能把美景映在水面？煩惱從何而生，原因就在於我們的心太不平靜了，在我們的心裡也許是雜念紛飛。當煩惱叢生、思緒飄忽不定的時候，怎麼會感到內心的快樂呢？你如果擁有一顆淡定的心靈，就可以比較超脫的看待一切，就能夠平心靜氣的享受生活。

自然是最好的老師，會教會我們很多東西，閒來寄情山水間，看水流境靜，花落意閒，自然一定會給你一份恬淡安然的好心境。

2　心靈寄託，助力人生

篇頭導讀：每個人的內心都需要心靈寄託的，這是一股強大的精神力量。當你處於不幸的邊緣時，勇敢的尋找心靈寄託可以拯救你的生命！

在現實生活中，似乎大多數人的身上都存在一種通病，那就是對自己的生活萎靡不振，沒有心靈寄託，不但沒有重塑自我的決心，而且會消極等待。這些人的心態就源自於自己不專心去做、不下決心、不肯吃苦，所以只能導致挫敗的人生。

因此，對於大多數人來說，為了使自己能經常保持一種寧靜泰然的心境，一種心靈上的寄託是很有必要的。

有這樣一則故事，它會讓絕大多數有萎靡不振心態的人羞愧的：

伊莉莎白一世在位時期，倫敦塔是用來關犯人的。一五七三年，維斯利伯爵由於得罪了女王被投入倫敦塔。進入塔中伯爵徹底絕望了，看來是沒法活著出去了。

在這個囚室裡，只有一扇小窗戶通往外面的世界。這一天，他像往常一樣呆坐在小窗下，木然的望著窗外的一小片藍天，哀嘆自己悲慘的命運，情緒極其低落。突然，有一個毛茸茸的小東西跳到窗臺上。他仔細一看，居然是他最喜歡的寵物——小貓花兒！

伯爵有些不相信自己的眼睛了，這是真的嗎？可小貓花兒的叫聲讓他不再懷疑。他便伸出手輕聲的叫著：花兒！小貓聞聲從鐵窗縫裡擠進來，一下子跳到他的懷裡！伯爵緊緊的抱住了花兒，忍不住嚎啕大哭。原來，自從他被抓走以後，花兒也離開了家。想不到它千辛萬苦找到了主人！

花兒被守衛發現了，這位好心的守衛知道的花兒的故事後，也對花兒敬佩不已。他破例允許伯爵將小貓留了下來，而且也沒有向皇室報告。從此，維斯利伯爵孤獨的鐵窗生涯裡有了一個伴侶。送來了飯，他總是讓花兒先吃，他從心裡感激這個自願跑來陪他坐牢的忠實夥伴。他倆就這樣相伴著度過了一個個的春夏秋冬，直到花兒老死在監獄裡。

花兒死了後，維斯利伯爵又剩下了一個人，但是他再也沒有變得沮喪，他下決心要活者出去，不然就對不起花兒。直到一六二四年，當政的詹姆斯國王終於把維斯利伯爵放了出來，使他在被捕後的五十一年走出了倫敦塔。出獄後他做的第一件事，便是找人畫了一幅花兒的肖像掛在房間的正中央。

花兒成了維斯利伯爵心中一個寄託，使得他重新振作精神，勇敢的面對新生活。這就是心靈寄託所帶給人的巨大力量。

在這裡，你可以想你所要想的，做你所要做的，躲開一切你所要躲開的，逃避一切你所要逃避。這片小天地就是你寄託靈魂或真正自己的地方。給自己的靈魂找一個寄託，並不是消極的逃避，那正是一種積極的養精蓄銳。

還有這樣一個故事同樣讓人振奮。

有一個叫塞爾瑪的美國年輕女人隨丈夫到沙漠腹地參加軍事演習。塞爾瑪孤零零一個人留守在一間貨櫃一樣的鐵皮小屋裡，炎熱難耐，周圍只有墨西哥人與印第安人。因為他們不懂英語，也無法進行交流。她寂寞無助，煩躁不安，於是寫信給她的父母，想離開這鬼地方。

父親的回信只寫了一行字：「兩個人同時從牢房的鐵窗口望出去，一個人看到泥土，一個人看到了繁星。」塞爾瑪開始沒有讀懂其中含義，反覆幾遍後，才感到無比的慚愧，決定留下來在沙漠中去尋找自己的「繁星」。

她一改往日的消沉，積極的面對人生。她與當地人廣交朋友，學習他們的語言。她付出了熱情，人們也回報了她熱情。她非常喜愛當地的陶器與紡織品，於是人們便將捨不得賣給遊客的陶器、紡織品送給她作禮物。塞爾瑪很受感動。她的求知欲望與日俱增。她十分投入的研究了讓人癡迷的仙人掌和許多沙漠植物的生長情況，還掌握了有關土撥鼠的生活習性，觀賞沙漠的日出日落，並饒有興致的尋找海螺殼……她為自己的新發現而激動不已。她於是拿起了筆。一本名為《快樂的城堡》的書兩年後出版了。

在經歷心靈的苦難後，「繁星」最終成了塞爾瑪的心靈寄託。這個心靈寄託讓她用積極的冒險與進取代替了原來的痛苦與沉寂。沙漠沒有變，當地的居民沒有變，只是塞爾瑪的人生視角變了。一念之差使她變成了另外一個人。

顯然，只要一個人的精神不垮，就能享受平凡的幸福。幸福在於自己去創造，不管身處怎樣的境地都能找得到。一個人最難得的是身處逆境中能保持那份平靜，從容及淡然的胸懷。

3 培養力量，戰勝困難

篇頭導讀：提高自己的心理承受力，增強對挫折的抗擊力，是人們健康生存和事業發展所必需的。

人生在世，不可能萬事如意，心想事成，倒是不如意事常有八九，困難挫折常常與我們不期而遇。如果人們沒有足夠的心理承受能力，就會被搞得暈頭轉向，意志消沉，甚至悲觀絕望。

有這樣一則小故事：一個年輕人大學畢業了，對未來充滿希望的他被分配到一個海上油田鑽井隊。在海上工作的第一天，組長要求他在限定的時間內登上幾十公尺高的鑽井架，把一個包裝好的漂亮盒子送到最頂層的隊長手裡。他高興地拿著盒子快步登上高高的狹窄的舷梯，氣喘吁吁、滿頭是汗的登上頂層，把盒子交給隊長。隊長只在上面簽下自己的名字，就讓他送回去。他又快跑下舷梯，把盒子交給組長，組長也同樣在上面簽下自己的名字，讓他再送給隊長。

年輕人看了看組長，猶豫了一下，又轉身登上舷梯。當他第二次登上頂層把盒子交給隊長時，渾身是汗兩腿發抖，隊長卻和上次一樣，在盒子上簽下名字，讓他把盒子再送回去。他擦擦臉上的汗水，轉身走向舷梯，把盒子送下來，組長簽完字，讓他再送上去。

此時的他有些憤怒了，他看看組長平靜的臉，又拿起盒子艱難的一個臺階一個臺階的往上爬。當他上到最頂層時，渾身上下都濕透了，他第三次把盒子遞給隊長，隊長看著他，傲慢的說：「把盒子打開。」他撕開外面的包裝紙，打開盒子，裡面是一罐奶粉。他憤怒的抬起頭，雙眼噴著怒火，看向隊長。

隊長又對他說：「把奶粉泡了。」年輕人再也忍不住了，「叭」的一下把盒子丟在地上：「我不幹了！」說完，他看看地上的盒子，感到心裡痛快了許多，剛才的憤怒全釋放了出來。

這時，那位傲慢的隊長站起身來，直視他說：「剛才讓你做的這些叫承受極限訓練，因為我們在海上作業，隨時會遇到危險，我們要求隊員身上一定要有極強的承受力，承受各種危險的考驗，才能完成海上作業任務。前面三次你都通過了，可惜只差最後一點點，你沒有喝到自己泡的牛奶。」

這個年輕人沒有承受住最艱難的考驗，自然也沒有收穫意外的驚喜。其實，每個人都應該有意識的培養自己的承受能力，如此方能應對各種問題。

有一家中型超市，地點並不算很好，可是生意卻做得有聲有色。他們的特色之一，就是設置了讓顧客盡情傾訴抱怨的櫃檯。在這裡，經常可以看到這樣的情形。

在超市受理顧客提出的「抱怨」的櫃檯前，許多女士排起了長龍，爭著向櫃檯後的那位年輕女孩投訴，有的甚至講出了很難聽的話。

櫃檯後的這位年輕女孩一一接待這些憤怒和不滿的顧客，但是沒有表現出絲毫的嫌惡。她臉上帶著微笑，指點這些婦女們前往相應的部門。她的態度優雅而鎮靜，其自制的修養令人大感驚訝。

站在她背後的是另一位年輕女孩，她在幾張紙條上寫下一些字，然後把它們交給站在前面的那位女郎。這些紙條很簡要的記下了隊伍中婦女們抱怨的內容，但省略了這些婦女的「尖酸」話語及怒氣。

櫃檯後面那位年輕女孩臉上親切的微笑，對這些憤怒的婦女們產生了良好的影響。她們來到她面前時，個個像是咆哮怒吼的野狼，但當她們離開時，個個像是溫順柔和的綿羊。

事實上，她們中的某些人離開時，臉上甚至露出了「羞愧」的神情，因為這位年輕女郎的「自制」已使她們對自己的作為感到慚愧。當然，為了表示自己的歉意，她們很願意為超市做些什麼，因此從超市出來的時候，她們總是兩手提著大包小包。

每個人在生活中，都會碰上令人愉快或令人痛苦的事，而產生喜怒哀樂之情有所波動，得意時忘乎所以，悲傷時垂頭喪氣，而此時我們要求自己學會培養自己的承受能力，增強自制力。

4　勿要輕言，放棄生命

篇頭導讀：人最寶貴的就是生命，這是上天的賜予，別輕言放棄。能活著是一種幸福。再苦再難都要珍惜難得的生命。

每一個人，從一生下來，就會一步步走向死亡，無論你是平民百姓，還是達官貴人，有生，即有死，任何人都無法逃脫這一定律。花開花謝，月圓月缺，這是一種無法改變的自然規律。

人雖然是萬物之靈，卻又無法和自然相比，大地可以不朽，山川可以不變，草木可以四季榮枯相續，而人的生命卻只有一次，所以，每個人都想好好珍惜自己的生命。

曾經在佛教書籍裡看過這樣的話：除了肉體（生命）是我們自己的以外，其他的所有都只是暫時擁有。這話雖然有些消極，但細細思量真的不無道理，在我們的一生中，親人和朋友都只能陪伴一程，與自己自始至終一直相伴的只有自己的身體；平日裡我們看重的權力、地位、金錢、財富說不定哪天就屬於別人。對於自己的生命，我們不要輕言放棄。

那些選擇自殺的人，他一定是在生活中遇到了過不去的關卡，或是經濟上的，或是情感上的，或是病痛上的。當他對生命絕望的時候，選擇了這種唯一可以解脫的方式——放棄生命！這是一件很可悲的事情！我們經常可以從報紙看到十幾歲的少女自殺的案例，而最多的原因，只是感情受創。真的不明白，感情固然重要，能及得上生命？一段感情沒了，可以開始另一段，生命，能嗎？每一次看到這種個案，除了嘆息，我們只能感慨現代人的脆弱的心靈以及承受能力。

其實，人活著，難免會有不順心的時候，然而人生沒有過不去的關卡，似水流年會為你稀釋苦難，時間會為你撫平傷口。任何時候都不要輕言放棄生命。

美國有一位有名的心理學家名叫卡爾・喬特，他在八歲時因疾病雙目失明。在最初的日子裡，他不停的哭鬧，拒絕接觸任何人，甚至自殘。他不停的憤怒的質問外婆：為什麼看不見了？為什麼看不見了？你們為什麼能看見，我就看不見……哭鬧使得家裡終日不得安寧。

卡爾的父母在他兩歲時離婚，他從小和外婆生活在一起，每當他哭鬧時外婆都心如刀絞。但為了讓卡爾接受現實，培養他對生活的信心和勇氣，外婆辭去了工作，每天陪伴著卡爾，幫助他在黑暗中獨立生活，並和他講了許許多多的殘疾人的故事。其中有一個故事深深打動了卡爾。

「有一位獨臂先生，用存了很長時間的錢，買了一雙自己非常喜歡的、期盼許久的皮鞋去搭火車。由於火車人太多，他不小心擠掉了一隻鞋，火車開動後他才發現少了一隻鞋。當周圍的人都替他痛惜的時候，他沒有抱怨，沒有懊惱，毫不猶豫的把剩下的一隻鞋連同盒子一起拋向窗外。這一奇怪的舉動令周圍的人迷惑不解。而這位先生卻笑著說：『這隻鞋無論多麼昂貴，對於我來說已經沒什麼用了，與其抱殘守缺，不如果斷放棄。』他希望撿到鞋子的人能撿到一雙，說不定還能穿。」

卡爾當時並沒有完全理解這個故事，但最終他領悟了外婆的用意。在外婆堅持不懈的關心和幫助下，卡爾慢慢的適應了沒有光明的生活，並順利讀完了碩士，成為一名心理學專家。

在一次演講中他說道：「儘管我看不見太陽，但我可以感受到陽光的溫暖，雖然我看不見大海，但我可以傾聽大海的聲音。」當卡爾說出這番話的時候，他是如此的豁達，如此的樂觀，沒有一絲的抱怨，沒有一絲的放棄，只有快樂和自信。

還有這樣一個故事也值得我們深思：

在美國西海岸的邊境城市聖達戈的一家醫院裡，常年住著因外傷而全身癱瘓的威廉・馬修。當陽光從朝南的窗戶射入病房時，馬修開始迎接來自身體不同部位的痛楚的襲擊——病痛總是在早上光臨。在將近一個小時的折磨中，馬修不能翻身、不能擦汗，甚至不能流淚，他的淚腺由於藥物的副作用而萎縮了。

年輕的女護士看到馬修所經受的痛苦，以手掩面，不敢正視。而馬修卻說：「鑽心的刺痛固然難忍，但我還是感激它——痛楚讓我感到我還活著。」

置身於特殊境遇，痛楚也是一種喜悅，也是一種希望！在這樣悲慘的境況下，馬修沒有輕言放棄生命，仍然如此樂觀的看待痛苦，看待生活，不禁讓人肅然起敬。

可見，生命的珍貴沒有任何東西能夠與之媲美；生命的意義就是要攀登一切高峰，克服一切困難，讓生命存在的價值更美好。

5　面對困難，樂觀面對

篇頭導讀：面對困難，我們一定要有樂觀向上的態度，一定要滿懷無限的希望，因為這是精神力量的來源。

也許每個人都應該告訴自己快快樂樂的過好每一天。然而，這許許多多的挫折總是在我們心底留下大大小小的傷痕。在舊傷隱隱作痛的時候，人們往往會覺得太陽也失去了光彩，生活到底有什麼意義呢？在陽光燦爛的日子裡，生活留給人們的卻是悲觀。當你被悲觀的情緒控制的時候，你也許會憤怒，會質問：「我做錯了什麼？難道我做的每一件事都沒有價值嗎？為什麼別人看上去總是比我快樂呢？」

悲觀的人知道「應該怎樣做才是理想的方式」。然而現實給予悲觀的人最沉重的一擊是：現實往往不是依照人的期望發展的。當事情完全違背他們期望的時候，他們會因為「生活欺騙了他們」而萬分沮喪。當他們明知「應該怎樣做」但卻完全不能夠這樣做的時候，他們又會在自我矛盾中煎熬，種種的悲觀情緒使得他們完全被剝奪了享受快樂和適當的受寬恕的權利。他們因此而自怨自艾甚至自我憎惡，悲觀這時候牢牢的抓住了他們。

某保險公司雇用了一百名在考試中落敗而在思想樂觀上得高分的人為營業員。這些人，在過去根本不可能被雇用，這次卻出乎意料之外錄取，且推銷成績比平均分數的營業員的成績高出百分之十。他們是憑什麼做到這一點的呢？按照心理學家的說法，樂觀者成功的祕訣，在於他們的調適方式。當事情出了差錯時，悲觀者傾向於責備自己，「我不善於做這個，」他說，「我總是失敗。」而樂觀者則去找出錯的漏洞。若是事情很順利，樂觀者就歸功於自己，而悲觀者卻把成功視為運氣。

在人生路上，遇到了失敗，我們不但要碰上鼻子就轉彎，而且更應該把它作為一生的轉捩點，選擇新的目標或探求新的方法，把失敗作為成功的新起點。

有兩個女孩，她們一個叫珍妮，是美國人，另一個叫南茜，是英國人。她們聰明、美麗，但都是殘廢。

珍妮出生時兩腿沒有腓骨。一歲時，她的父母做出了充滿勇氣但備受爭議的決定：截去珍妮的膝蓋以下部位。珍妮一直在父母懷抱和輪椅中生活。後來，她裝上了義肢，憑著驚人的毅力，她現在能跑，能跳舞和滑冰。她經常在女子學校和殘疾人會議上演講，還做模特兒，頻頻成為時裝雜誌的封面女郎。

與珍妮不同的是，南茜並非天生殘廢。她曾參加英國《每日鏡報》的「夢幻女郎」選美，一舉奪冠。一九九零年她赴南斯拉夫旅遊，決定僑居異國。當地內戰期間，她幫助設立難民營，並用做模特兒賺來的錢設立希茜基金，幫助因戰爭致殘的兒童和孤兒。一九九三年八月，在倫敦她不幸被一輛警車撞倒，造成肋骨斷裂，還失去了左腿。但她沒有被不幸擊垮。她很快就從痛苦中恢復過來，康復後她比以前更加積極地奔走於車臣、柬埔寨，像戴安娜王妃一樣呼籲禁雷，為殘廢人爭取權益。

也許是一種緣分，珍妮和南茜在一次會見國際著名義肢專家時相識。她們一見如故，現在情同姐妹。雖然肢體不全，但她們都不覺得這是多麼了不得的人生憾事，反而覺得這種奇特的人生體驗，給了她們更加堅韌的意志和生命力。她們現在使用著義肢，行動自如。只有在坐飛機經過海關檢測，金屬腿引發警報器鈴聲大作時，才會顯出兩位大美人的腿與眾不同。

只要不掀開遮蓋著膝蓋的裙子，幾乎沒有人能看出兩位美女套義肢。她們常受到人們的讚嘆：「你的腿形長得真美，看這曲線，看這腳踝，看這腳指甲塗得多鮮紅！」

珍妮說：「我雖然截去雙腿，但我和世界上任何女性沒有什麼不同。我喜歡打扮，希望自己更有女人味。」

這對姊妹幾乎忘了自己的障礙。她們沒有時間去自怨自艾，人生在她們眼裡仍然是美好的，她們在人們眼中也是美好的。也有異性在追求她們，她們和其他肢體健全的女士一樣，也有著自己的愛情。

樂觀的面對生命的一切，永遠積極的生活，這就是珍妮與南茜的做事原則和人生態度。

如果這個故事還不能讓你完全戰勝悲觀，你可以採取下面這個行之有效的方法：

1 改善情緒。情緒不佳時人生態度往往較為消極，而一旦心境得到了寬鬆或改善，就會同時改善一個人對整個人生的態度。

2 改變角度看問題。面對困局，如能把它視為成功之母，那麼心中的陰影也就不那麼濃重了。

3 放鬆表情。悲觀者的面部常常是呆板甚至是哭喪的，殊不知臉部肌肉也總是在與大腦做交流，實際上，輕鬆的表情反過來會刺激我們的大腦以更積極、更愉快的方式進行思考。

4　學會幽默。悲觀者往往不善幽默，不妨多看看喜劇、小品，學會欣賞幽默，到自己也能時不時幽默一下時，消極的人生態度可能已出現了轉機。

5　多與樂觀者交往。這不僅是因為樂觀情緒是可以「傳染」的，而且還因為樂觀的人生態度也是會相互影響的。遺憾的是，悲觀者一般都傾向於與悲觀者相處，而實際上當悲觀者與樂觀者交往時，同樣也是可以找到「共同語言」的。

對於現代人來說，面對困難，不僅要有樂觀向上的品格，還要勇於奮鬥。我們每一個人都會有著困難的經歷，它就像一塊人生的試金石，考驗著我們的精神、意志。在困境中，我們只要擁有樂觀向上的品格和不屈不撓的精神，就一定能鍛鍊自己，走出困境。

6　逃避現實，愚蠢至極

篇頭導讀：不管對待什麼事情，逃避都是最愚蠢的辦法，根本解決不了問題；要勇於去面對現實，只有面對才能有解決的機會。

生活中總有這樣一些人——遇到不開心的事就選擇逃避。可結果呢？

小李大學畢業不久，就進入一家公司，可是還沒有到半個月，她就有點受不了了。

一天下班後，小李對自己的朋友小鄭說：「我實在不想做了，我想辭職！」

「為什麼？你不是做得好好的嗎？」小鄭感到有些奇怪。

「唉！」小李在嘆了一口氣之後，說出了想辭職的原因。

原來，自從小李進了這家公司之後，她盡自己最大的能力想將屬於自己的每一件工作都做好。可惜的是，天不從人願。無論她怎樣的努力，她經手處理的工作，依然存在著不少的問題，也經常的受到上司的責備，因此她認為自己可能不適合現在的工作。

聽完了小李的話，小鄭的眉頭不由得皺了皺，問道：「那麼，你辭職之後，準備怎麼辦？」

「有什麼辦法，再找一份新工作。」

「難道說，新的工作之中便不會出現類似的問題嗎？一旦出現類似的問題呢？你是否又辭掉工作，接著去找新的工作？」

小李沉默了，再也沒有言語。因為，小鄭說得對啊！

是啊，我們每個人在生活的道路上都會遇到這樣那樣的問題，難道遇到一個問題我們就選擇逃避嗎？逃避了這個問題，可還會有其他問題！

對於小李來說，逃避並不能解決問題，她需要調適好自己，展現自己的才華，開放自己，接受新概念、新事物，讓機會來到自己身邊。

現實生活中，不僅很多年輕人遇到一些問題會選擇逃避，有些中年人面對困難、面對壓力時也會選擇逃避。為什麼會這樣呢？這是因為，很多中年人上有老下有小，如果還有房貸、車貸的話，情況就更糟糕。

陳先生今年四十歲，在一家廣告公司擔任銷售部主管，他結婚後身體狀況一直很好，只是工作壓力比較大。

由於他每年夏天都會帶家人到鄉間度假，因此對那種與世無爭的田園生活格外羨慕——尤其是當他快被老闆逼瘋的時候。他曾認真的跟他的老婆商量，能否改變目前這種緊張的生活形態。在獲得首肯後，他真的放棄了眼前的那份高薪工作，跑到鄉下當農夫。他買下了一塊人跡罕至的花圃，準備從頭開始學起。

結果卻並不如想像中那樣的好。剛開始幾個月，他這個新科花農還做得有模有樣。但是好景不長，才經歷第一個寒冬後就發覺，這裡真不是人住的地方。荒涼的景象，猶如到了西伯利亞；而他的老婆根本不可能和這裡的鄉下人打成一片，小孩每天也得換好幾趟車才能到學校。

陳先生知道打錯算盤了，只是沒料到結局會這麼慘。當主管確實很累，不過當農夫也輕鬆不到哪裡去，搞不好還更累。另外，他和老婆向來都是喜愛社交活動的人，如今要找鄰居聊聊還得跑到幾里外的地方；而在這種偏僻的鄉村，也不可能有什麼電影院、KTV之類的娛樂，有的只是睡覺，因為他每天都快累死了。

在苦撐了一年之後，他們乖乖的搬回城裡，他自稱「老了十歲」。改行不但沒有發財，連老本都賠了。更可笑的是，他當了二十幾年的上班族也都沒事，在鄉下「窩」了一年後卻累出一身病來，這真是他始料未及之事。

當困難、壓力來臨時，我們必須要有處理的方法和技巧，而不是逃避；不管什麼問題，遇上時不加分析就處理，這不利於問題的解決。

如果你想成為遇事不逃避的人，你需要記住以下幾點：

1 你可以為自己做對了某件事而感到了不起。只要你以成敗為衡量標準，總可以把做成某件事看作自我價值的提高，並因此自鳴得意。然而在這裡，「做成了某件事」僅僅是別人對你的評價而已。

2 努力選擇並嘗試一些新事物，即使你仍留戀著熟悉的事物。盡力結識更多的新朋友，多多置身於一些新的環境，嘗試一些新的工作，邀請一些觀點不同、性格不一的人到家裡來做客。多和你不大熟悉的客人交談，少和你熟悉的朋友交談，因為對他們太了解了。

3 不要再費心去為你做的每一件事找藉口。當別人問你為什麼要這樣做或那樣做時，你並不一定要說出可信的理由，以使別人滿意。實際上，你決定做任何事情的理由都很簡單——因為你想這樣做。

4 試著冒點風險，使你解脫日復一日的單調生活。如，上班時不一定非得要乘坐同一種交通工具，每天早餐不一定總是要吃同樣的東西等。你可以充分發揮自己的想像力，如果想像自己擁有一大筆錢，足夠在幾年內怎麼也花不完。這時，你也許會發現，你原來設想的計畫幾乎都是可以實現的。

5 試著去做一直以「我做不好」為藉口而迴避的事情。你可以用一個下午來繪畫，讓自己充分享受。即使你畫出的畫不是很好，你也沒有失敗，因為你至少高高興興的度過了一個下午。你可以在家裡盡情的唱歌，儘管你唱得不好。

6　接觸那些你認為使得你懼怕未知的人。主動和他們談話，向他們明確表示，你打算嘗試新的事物，看看他們反應如何。你會發現，他們的懷疑態度是你擔憂的因素之一，因而你總是在這些否定態度面前陷入惰性。既然現在你可以正視這種態度，那麼你便可以發表你的「獨立宣言」，擺脫他們的控制。

7　積極自救，方有出路

篇頭導讀：當你的生命受到病痛折磨或深陷困境時，自己才是自己最可靠的救星。要鼓起勇氣戰勝病魔以及克服困境，這樣，最後的幸福一定屬於那個積極自救的你！

你要知道在這個世界上沒有人能真正救助你，只有自己才能救助自己，除非你不想自救。

你有時候會覺得外部的幫助是一種幸運。但是，從不利的方面看，外部的幫助常常又是禍根，給你錢的人並不是你最好的朋友。你真正的朋友是鞭策你，迫使你自立、自助的那些人。

有這樣一個故事：有個人在屋簷下躲雨，看見一個和尚正撐傘走過。這人說：「大師，普渡一下眾生吧，帶我一段如何？」和尚說：「我在雨裡，你在簷下，而簷下無雨，你不需要我渡。」這人立刻跳出簷下，站在雨中：「現在我也在雨中了，該渡我了吧？」和尚說：「我也在雨中，你也在雨中，我不被淋，因為有傘；你被雨淋，因為無傘。所以不是我自己渡自己，而是傘渡我，你要被渡，不必找我，請自找傘！」說完便走了。

只有當一個人感到所有外部的幫助都已被切斷之後，他才會盡最大的努力，以最堅忍不拔的毅力去奮鬥。因為救助自己的只能是他自己的努力，他必須自力更生，否則就要蒙受失敗之辱，甚或死亡。

我們的內心遭遇苦難的時候也需要去自救。

有一位女士，遇上一點不順心事情，就胡思亂想，給自己製造煩惱。舞會上男士沒有邀她去跳舞，她心裡煩惱；年終考績不好她也心裡煩惱；碰上某個主管沒有向她打招呼，她繼續煩惱……煩惱一來，她就會好幾天精神不安。

當她察覺到煩惱給自己帶來高血壓、心臟病時，後悔不已。她想克制自己，但煩惱一來，又無法克制。

後來在心理醫生的建議下她每天寫二十分鐘日記。心理醫生還告訴她，這個日記是寫給自己的，既要寫出正面，也要寫出負面。這樣就可以把消極情緒從心裡驅走，留在日記裡。

從那以後，這位女同事堅持記日記，透過記日記發洩自己的煩惱，遇上自己愛猜忌的事，便在日記裡自己說服自己。她曾在一篇日記裡寫道：「今天我在樓梯上向某某打招呼，可是他陰沉著臉，皺著眉頭，理也沒理我一眼。我想他的態度冷漠不是衝著我來的，八成是家裡出了什麼事，要不然就是挨了主管的罵。」在日記裡這麼一寫，她心裡的疑團一下子就煙消雲散了。

她還在另一篇日記裡提醒自己：「我翻閱上月的日記，發覺那時的煩惱現在完全消逝了，這說明時間可以解決許多問題，也包括煩惱在內。如果以後我遇上新的煩惱，就要不斷的提醒自己：現在何必為它煩心，我何不採取一個月後的忘卻狀態來面對現下的煩惱。」

生活中有各種令人煩惱的事，困擾著我們，但我們不能一味的被煩惱所侵襲，應該學會盡力擺脫煩惱，積極自救，尤其不能自尋煩惱，否則只會讓自己心緒不安、心情沮喪。

公司要裁員，內勤部門的小晴與小文，規定一個月後離職。那天，大家看她倆都小心翼翼，更不敢和她們多說一句話。她倆的眼圈都紅紅的——這種事不管是誰都難受。

第二天上班，小文的情緒仍很激動，有同事想勸她幾句，她都怒氣沖沖的，像吃了一肚子火藥似的，誰跟她說話就向誰開火。小文心裡委屈得很，只好向杯子、資料夾、抽屜發洩。「砰砰」、「咚咚」，大家的心被她提上來又摔下去，空氣都快凝固了。但人之將走，其行也哀，大家也就忍著，不再說什麼。

小文的情緒一直都糟糕極了。原先她負責的為辦公室員工訂便當、傳遞文件、收發信件的工作，現在也懶得去理了；同事們看她一副愁容滿面的樣子，也就不再分配派她工作。她的心也變得異常敏感，每當別的同事之間小聲說個什麼，她就懷疑他們在背後嘲笑她。她每天用異樣的目光在每個人臉上掃來掃去，彷彿有誰在背後搞鬼。許多同事開始怕她，都躲著她，大家都有點討厭她了。

裁員名單公布後，小晴哭了一個晚上，第二天上班也無精打采，可打開電腦、拉開鍵盤，她就把工作以外的事都拋開了，和以往一樣的勤懇工作。小晴見大夥不好意思再吩咐她做什麼，便特地跟大家打招呼，主動攬工作。她說，是福跑不了，是禍躲不過，反正都這樣了，不如做好最後一個月，以後想做恐怕都沒機會了。小晴仍然勤奮的打字複印，隨叫隨到，堅守在她的崗位上。

一個月滿，小文如期離職，而小晴卻被從裁員名單中刪除，留了下來。主任當眾傳達了老總的話：「小晴的工作誰也無法替代；小晴這樣的員工，公司永遠不會嫌多！」

小文和小晴面對同一事情採取兩種態度，結果採取積極態度的小晴留了下來。可以說，小晴自己「救」了自己。

在遇到困難時，我們還可以提前預備好應對危機的辦法。也就是說，要把自己的心得體會及獨特的解決方法簡要的總結出來，並牢記心頭。小時候用過的背單詞的小卡片也能大顯身手，或者寫到每天都要帶的記事本上，在那一頁貼一張小便條可以隨時翻看也行。比如說，遇到大事就緊張的人，可以記下「深呼吸」、「緊握無名指與小指」等放鬆方法。

如果你經常為錯過發言的大好時機而懊悔，那就嘗試著攜帶一張寫有「大膽的說出自己的意見」的紙；針對沒有自信的缺點就應該帶一張寫有「沒關係」的紙，當再遇到這種情況的時候就可以拿出來鼓勵自己。

在採取措施之前，你要仔細想好哪些話是對自己有效果的，或許是呼吸法，或許是透過放鬆調節心情，也可能是得益於為自己打氣的語言，總之這些方法都是因人而異的。

總而言之，最重要的是找到適合自己的方法並掌握它，反覆的運用。寫到卡片上隨身攜帶也是方法之一，透過體育鍛鍊也好，注意飲食睡眠也好，或者是放鬆調節心情，只要是有效的方法就牢記於心，必要的時候都可以派上大用場。

8 杜絕貪欲，知足常樂

篇頭導讀：生命之舟載不動太多的物欲和虛榮，要想在抵達彼岸前不在中途擱淺或沉沒，就必須輕載，只取需要的東西，把那些應該放下的果斷的放下。

活在大千世界，每個人都有自己的欲望。人有欲望這無可厚非，有的人的欲望是客觀的、有節制的。這樣的欲望則會是一種目標、一股動力，它可以使人具有方向性。

在美國，有一位窮困潦倒的年輕人，即使掏出全身所有的錢都不夠買一件像樣的西服的時候，仍全心全意的堅持著自己的心中的夢想，他想當演員，拍電影，當明星。

熟悉他的人都嘲笑他不知道天高地厚，癩蛤蟆想吃天鵝肉。但是他根本不理睬其他人怎麼看他。

當時，好萊塢共有五百家電影公司，他逐一數過，並且不只一遍。後來，他又根據自己認真劃定的路線與排列好的名單順序，帶著自己寫好的量身定做的劇本前去拜訪。但是第一遍下來，所有的五百家電影公司沒有一家願意用他。

面對百分之百的拒絕，這位年輕人沒有灰心，從最後一家被拒絕的電影公司出來之後，他又從第一家開始，繼續他的第二輪拜訪與自我推薦。

在第二輪的拜訪中，五百家電影公司依然拒絕了他。

第三輪的拜訪結果仍與第二輪相同。這位年輕人咬牙開始他的第四輪拜訪，當拜訪完第三百四十九家後，第三百五十家電影公司的老闆破天荒的答應願意讓他留下劇本先看一看。

幾天後，年輕人獲得通知，請他前去詳細商談。

就在這次商談中，這家公司決定投資開拍這部電影，並請這位年輕人擔任自己所寫劇本中的男主角。

這部電影名叫《洛基》。這位年輕人的名字就叫席維斯·史特龍。

史特龍如果沒有當演員的欲望，沒有成功的欲望，是不會在受到眾多次打擊之後還那樣苦苦堅持的。

對於現代人來說，更多人的欲望則是主觀的、無限制的，甚至連他自己也說不清楚需要多少才能得到滿足。這樣的欲望則會給自己增加壓力，超負荷的欲望會羈絆人前進的腳步，有的甚至會將其引向歧路。

「人心不足蛇吞象。」欲望太多、太重，會讓負重的人為此跌倒。人有七情六欲，這本屬正常，也是個人在現實社會裡不能或缺的東西。可是六欲不能太重，七情亦不能太多。

有這樣一個故事：

從前，有一個窮人到森林裡砍柴。他拿起斧頭正準備砍一棵樹，突然從樹上跑下一隻松鼠。松鼠對窮人說：「你為什麼要砍倒這棵樹呀？」

「家裡太窮了，沒有柴燒。」

「你現在就回家去吧，明天你家裡會有許多柴的。」說完，松鼠就跑了。

窮人回到家後，對他的妻子說：「睡覺吧，明天家會有許多柴的。」

第二天，妻子起床出門，發現院子裡真的有了大大的一堆柴，就叫丈夫：「快來看，快來看，誰在我們家院子裡堆了這麼一大堆柴？」

窮人把遇到了松鼠的經過告訴了妻子，妻子說：「柴是有了，可是我們卻沒有吃的。你去找松鼠，讓它給我們點吃的。」

窮人又回到森林裡的那棵樹下。這時，松鼠又跑來了，它問：「你想要什麼呀？」

窮人回答說：「我的妻子讓我對你說，我們家沒有吃的了。」

「回去吧，明天你們會有許多吃的東西。」松鼠說完又走了。

窮人回到家，對妻子說：「放心吧，明天家裡會有許多食物的。」

第二天，他們果真發現家裡出現了許多肉、魚、甜點、水果、葡萄酒和想要的食物。

他們飽餐了一頓後，妻子對窮人說：「快去找松鼠，讓它送我們一間商店，商店裡要有許許多多的東西，這樣，往後我們的日子就舒服了。」

窮人又來到了森林裡的那棵樹下。松鼠跑來問他：「你還想要什麼？」

「我的妻子讓我來找你，她請你送給我們一間商店，商店裡的東西要應有盡有。她說，這樣我們就可以舒舒服服的過日子了。」

松鼠說：「回去吧，明天你們會有一間商店的。」

窮人回到家把經過告訴了妻子。

第二天他們醒來後，簡直都不敢相信自己的眼睛了。家裡到處都是好東西：布匹、紐扣、鍋、戒指、鏡子……真是應有盡有。妻子仔細的清理了這些東西以後，又對丈夫說：「再去找松鼠，讓它把我變成王后，把你變成國王。」

窮人回到森林裡，他找到了松鼠，對它說：「我的妻子讓我來找你，讓你把她變成王后，把我變成國王。」

松鼠冷冷的看了一眼窮人，說：「回去吧，明天早上你會變成國王，你的妻子會變成王后的。」

窮人回到家，把松鼠的話告訴了妻子。第二天早上醒來，他們發現自己穿的是綾羅綢緞，吃的是山珍海味，周圍還有著一大幫的侍臣奴僕。

可是，妻子仍不滿足，她對窮人說：「去，找松鼠去，讓它把魔力給我，讓它來宮殿，每天早上為我跳舞唱歌。」

窮人只好又去森林找松鼠，窮人說：「松鼠，我的妻子想讓你把魔力給她，她還要你每天早上去為她跳舞唱歌。」

松鼠憤怒的盯著他：「回去等著吧！」

窮人回到家，他們高興的等待著。第二天起床後，他們發現自己家裡什麼也沒有了，又回到從前一樣，而且他發現自己和妻子都變成了又醜又小的小矮人。

貪婪使窮人和他的妻子最後一無所有，而且還變成了小矮人。貪婪是人性中的弱點，存在每個人體內。一般情況下，它處於沉睡狀態，可是一旦社會環境發生變化，受病態文化的影響，貪婪就會被啟動，形成自私、攫取、不滿足的價值觀、人生觀。

欲望，是一種與生俱來的東西，人有活著的欲望，有吃飯穿衣居住的欲望。最基本的欲望得不到滿足，當然是一種痛苦。但是，所有的欲望都得到了滿足也未必是一種幸福——何況，人根本就不可能有所有的欲望都得到滿足的時候，因為，欲望的盡頭還是欲望。

俗話說，知足常樂。這才是正確的生活態度。對於什麼事情，我們都要看淡，這樣我們就會得到快樂。在平凡的生活中能體會快樂的人生，為什麼我們還要去做金錢的奴隸呢？

9　勇擔責任，不枉此生

篇頭導讀：沒有責任的人生是空虛的，不敢承擔責任的人生是脆弱的。只有勇於承擔責任，才能得到別人的信任和尊重，獲得生命的成就感和自豪感。

每個人來到這個世上都要有責任感，每個人也都必須履行責任、承擔責任。不但要承擔自身的責任，也要承擔家庭和社會的責任。因為只有責任才能激發人的潛能，喚醒人的良知。

有這樣兩則小故事，它能告訴我們責任的重要性。

故事一：

相傳在很久很久以前，有一種樣子酷似烏鴉的鳥，它的生活的習性與烏鴉非常相似。奇怪的是，烏鴉世代繁衍，至今仍然快樂的生活在地球上，可類似於烏鴉的那種鳥早已絕跡。

究竟是什麼原因導致這樣的結果呢？原來這種鳥對待生活以及撫養後代的態度和方式與烏鴉截然不同。我們知道，烏鴉成年後，勤奮持家，精心築巢，全心全意的撫育後代，因而也就「鴉丁興旺」，繁衍生息。可這種酷似烏鴉的鳥卻非常懶惰，心中沒有一點責任感，經常寄居於別人的巢穴裡。更讓人不能理解的是，作為父母不能履行自己的職責，把生出的蛋放在其他動物的巢穴中。天長日久，在優勝劣汰、適者生存的競爭環境中，它們漸漸就被淘汰了。

故事二：

一隻老公雞要死了，它告訴守在身邊的孩子——一隻小公雞：「孩子，我已經不行了，從今以後，每天早晨呼喚太陽的職責，要由你來承擔了。」

小公雞點點頭，傷心的注視著慢慢閉上了眼睛的父親。第二天清晨，小公雞飛上高高的屋頂。臉朝東方，高高的挺立著。

「我必須設法發出最大的啼叫聲。」它昂起頭來，放開喉嚨啼叫。但是，它發出來的卻是一種缺乏力量的、時斷時續的嘎嘎聲。

這天太陽沒有升起，天空烏雲密布，濕淋淋的毛毛細雨下個不停。農場上的所有動物都氣壞了，跑來責怪小公雞。

「真是倒楣透了！」豬叫道。「我們需要陽光！」羊也叫起來。「公雞，你必須啼叫得更響一些！」公牛說，「太陽離我們有幾千萬英里遠，你的叫聲那麼小，它能聽得見嗎？」

過了一天，小公雞一大早就飛上穀倉的屋頂。它臉朝東方，深深的吸了一口氣，接著伸長脖子，放開喉嚨大聲啼叫。它這次發出的啼鳴聲非常洪亮，在雄雞啼鳴史上是空前的。

「吵死人了！」豬說。「耳朵都要震破了！」羊叫道。「頭都要炸了！」公牛說。

「對不起，但是我是在盡自己的職責。」小公雞這樣說。這時，它心裡充滿了自豪感，它看見了，在那遙遠的東方，一輪紅日正從叢林後面冉冉升起。

現實生活中也同樣存在著酷似烏鴉的鳥和小公雞這兩種人，像酷似烏鴉的鳥的人碌碌無為、鼠目寸光、不思進取、推卸責任，內心沒有一點責任感，最終被整個社會所淘汰；像小公雞這樣勇擔生命責任的人，最終會成為社會的棟樑。

成功從來不是唾手可得的。當生命的責任落在我們肩上，我們要鼓起勇氣去承擔它。即使在最初還無法勝任，但只要我們有決心、有毅力，願意為之付出努力，終有一日，能挺起這份生命的責任，我們會為自己感到自豪。

在這個飛速發展的時代，任何人任何時候都應該義不容辭的擔負和履行自己的職責。給人責任，也就給了信任和真誠，履行責任也就成就了尊嚴和使命。只有責任，才能撐起生命的支柱。

第三章　心理暗示，增強自制

人們為了追求成功和逃避痛苦，會不自覺的使用各種暗示的方法，比如面臨困難時，人們會相互安慰「快過去了，快過去了」，從而減少忍耐的痛苦。人們在追求成功時，會設想目標實現時非常美好、激動人心的情景。這個美景就對人構成一種暗示，它為人們提供動力，提高挫折耐受能力，保持積極向上的精神狀態。

1　心理暗示，源於內心

篇頭導讀：暗示是一種被主觀意願肯定的假設，不一定有根據，但由於主觀上已經肯定了它的存在，心理上便竭力趨於肯定的結果。

什麼是心理暗示？有一位年輕的先生患有嚴重失眠，治了很多年也沒有痊癒。有一次，他偶然遇到一名年輕漂亮的女醫生。這位女醫生給他一片安眠藥，說：試試吧。那一夜，他終於沉沉睡去。在接下來的兩年裡，他每天從醫生那裡得到一片安眠藥，然後酣睡一夜。終於，他變成了一個快樂、健康的人，不再需要醫生給他安眠藥——他需要她做他的伴侶。

新婚的那天晚上，她告訴他：她兩年來給他的所有安眠藥，除了第一天的那一片外，其他的全是最普通不過的維他命。

整整兩年裡，她每天用手術刀把維他命的文字削平，再刻上安眠藥的字樣。雖然她的手靈巧的足以縫合最細微的血管，但是把同一件事持續七百多次——這裡面就包含了某種偉大。當她用她的欺騙成全了他的健康，偉大就變成了愛情。

這是一個很動人也很完美的愛情故事。當然，故事裡除了愛情之外，還有些其他的東西。那就是心理暗示。維他命能產生和安眠藥同等的作用，這得歸功於心理暗示。

所謂的心理暗示其實就是指人或環境以不明顯的方式向人體發出某種資訊，個體無意中受到外在的影響，並做出相應行動的心理現象。科學家告訴我們：人是唯一能接受暗示的動物。

美國心理學家做了這樣的試驗，他們對一所小學的某個班的學生說：「你們都是天才型的人，將來大有前途」。而對另一個班的學生說：「你們智力一般，將來可以從事一般工作。」本來這兩個班的學生表現水準相等，但是一年後，兩個班的差異就顯示出來了。被暗示為天才型的學生個個發奮學習，學習成績飛速上升，而另外那個班的學生學習成績很快下降了。

心理暗示的力量是如此的巨大，可以讓一個人完全改變自己。下面這則事例更是告訴我們如何在職場中如何利用心理暗示挖掘自己的潛能。

鄭葳在一家外商公司工作已經三年了，國際貿易系畢業的她，在公司的業績表現一直平平。原因是她以前的上司李總是個非常傲慢和刻薄的女人，她對鄭葳的所有工作都不加以讚賞，反而時常潑些冷水。

有一次，鄭葳主動蒐集了一些國外對公司出口的紡織品類別實行新的環保標準的資訊，但是李總知道了，不但不讚賞她的主動工作，反而批評她不專心分內工作。後來鄭葳再也不敢關注自己的業務範圍之外的工作了。鄭葳覺得，李總所以不欣賞她，是因為她不像其他同事一樣奉承她，但是她自問自己不是能拍馬屁的人，所以不可能得到李總的青睞，她也就自然的在公司沉默寡言了。

後來，公司新調來主管進出口工作的Sam，新上司、新作風。從美國回來的Sam性格開朗，對同事經常讚賞有加，特別提倡大家暢所欲言，不拘泥於部門和職責限制。在他的帶動下，鄭葳也積極的發表自己的看法了。

第三章　心理暗示，增強自制

1　心理暗示，源於內心

在新主管的積極鼓勵，鄭葳的工作熱情也越來越高了，她也不斷學會新東西，草擬合約、參與談判、跟外商周旋……鄭葳非常驚訝，原來自己還有這麼多的潛能可以發掘，想不到以前那個沉默害羞的女孩，現在居然可以和外國客戶為報價爭論得面紅耳赤。

其實，鄭葳的變化，就是心理暗示起了作用。在不被重視和激勵、甚至充滿負面評價的暗示下，人往往會受到負面資訊的左右，對自己做比較低的評價；而在充滿信任和讚賞的暗示下，人則容易受到啟發和鼓勵，往更好的方向努力，隨著心態的改變，行動也越來越積極，最終做出更好的成績。

從本質上說，心理暗示是一種條件反射的心理機制，會使人不自覺的按照一定的方式行動，或者下意識的接受一定的意見或信念。

當你打開電視，看到那些各式各樣的廣告節目，奇裝異服，名車豪宅，不知不覺你可能就產生了消費衝動；當你徘徊在街上，看見精美的包裝，你自然會聯想到裡面的東西也價值不菲；當有人稱讚你今天的氣色特好，你可能一天都感覺舒服；當別人對你品頭論足，你可以一天都悶悶不樂……

暗示是人心理活動的基本特徵之一，暗示也是人類認識世界的一種重要手段。世上沒有對暗示完全免疫的人，只是對暗示的敏感度有差異。在同樣條件下，女性比男性更易被暗示，兒童比成年人更易被暗示。就同一個人來說，當處於疲倦、催眠等狀態時，也會比平時更容易受到暗示。

如果你能將心理暗示應用於生活中，那麼，你相信自己是幸運的，你就是幸運的；你相信自己能成功，你就能成功；你相信自己是個快樂的人，你就能夠成為一個快樂的人。

2 積極暗示，受益一生

篇頭導讀：發展積極心態、走向成功的主要途徑是：堅持在心理上進行積極的自我暗示，去做那些你想做而又怕做的事情，尤其要把羞於自我表現，懼於與人交際，改變為敢於自我表現，樂於與人交際！

「世界如此美妙，我卻如此暴躁，這樣不好，不好！」看過《武林外傳》的應該能記得這段話，本來煩躁的情緒在唸過這句後就停止了衝動的行為。「我可以，我是最棒的！」「我們一定能成功！」這些句子經常在員工自我培訓時使用，並付諸於工作和生活，使用正向的語言激勵來改變目標可能帶來的焦慮、沮喪等消極情緒。

這些都是積極的心理暗示。在壓力情境下，只要善於運用積極、肯定、明確的詞語暗示自己，就能取得積極暗示的效果，改變自己的不良情緒。下面的故事就是一個很好的個案：

陳升由於家境貧寒，失去了繼續上學的機會。好幾年過去了，陳升已經習慣了，但是內心仍然渴望著命運的改變。由於沒有一點好運的徵兆，陳升的心裡感到非常痛苦。

有一天，鎮裡來了兩個算命先生，其中有一個是瞎子。他們幫很多人算命，大家都說算得準。但陳升非常想知道他將來會有什麼前途，於是他就讓他們給他算算命運如何。

那個明眼人看了他的面相和手相，又看了看他的衣著和服飾，一臉嚴肅的對他說：「你的命相不好，這一生不會有什麼大的前途。」

陳升不願意接受這個命運，於是他又去找另一個算命先生。瞎子算命是用心摸，他仔細的摸了陳升的臉和手相以及陳升的肩、腿和腳趾頭，然後對陳升說：「你的骨相很正，將來一定有一個好的前程，好自為之，不出三年你就會有出頭之日。」雖然陳升不是很相信他的話，但使陳升心裡感到很高興，陳升心裡一直想能擺脫現在的命運，瞎子的話給了他希望。

兩個算命先生算出了兩種截然不同的命運：一個讓陳升失望，一個給陳升希望。陳升選擇了希望。因為人人都希望自己有個好的前途。

從此，陳升不再消沉，不再悲觀，打工之餘，陳升自學課程，三年之後，陳升拿到了大學文憑，也找到了一份體面而又待遇豐厚的工作，命運真的如那位瞎子說的那樣發生了變化。

很長一段時間，陳升不明白瞎子為什麼能算得那麼準確，後來陳升在心理學中找到了答案。這實際上是一種心理暗示。

對於你來說，你總想著好的事物，你會發現事情真的越來越好，你總想著不好的事物，你會發現事情也會越來越糟。

人們總是在會想：希望怎麼樣，不希望怎麼樣？可為什麼有的時候事情並不是向自己想的方向發展？那是因為：你在積極的思維時，也會或多或少的想一些消極的想法。例如：你會想事情應該怎麼樣，可不要怎麼樣。這時當「不要怎麼樣」占據上風時，就會對你的思維產生一種消極的判斷，把積極的因素變為了消極的因素。

舉個例子，星期天，你本來約好和朋友出去玩，可是早晨起來往窗外一看，下雨了。這時如果你給自己一個積極的心理暗示「下雨了也好，今天在家裡好好讀讀書，聽聽音樂……」這樣下來你一天的情緒都非常好。反過來，這時候，你也許想「糟糕！下雨天，哪兒也去不成了，悶在家裡真沒意思……」這樣的思維模式會給你帶來消極的思維循環，最終帶來一些不利的影響。

當然，心理暗示不是成功的絕對作用力，但絕對會對你的行為產生一定的影響。所以，多想一些積極的事物，多想一些美好的事物，你會離幸福快樂更近一些。

3 不良暗示，適時遠離

篇頭導讀：不善調適者，長久走不出煩惱圈，極容易接受消極與虛妄的心理暗示；而善於調適心理的人，如同善於增減衣服以適應氣候變化一樣，能獲得舒適的生存。

不良心理暗示對人的危害是很大的。

鄰居老劉最近胃有些不舒服，便到醫院做了個胃鏡檢查，檢查結果顯示「萎縮性胃炎」。老劉是一個受暗示性影響極重的人，受到醫生「萎縮性胃炎有可能癌變」這種簡單解釋的心理暗示作用，老疑心自己的「胃病」會癌變。茴而親朋好友的不斷關心，每次看病醫生對胃病患者要注意癌變先兆症狀的一次次交代，以及老劉經常翻閱雜誌對號入座的想法，使他不斷強化了「我的胃病會癌變」的心理。結果，胃病不見有任何好轉，卻使他平添了一身哀愁，整日憂心忡忡，憔悴不堪。

像這種因受不良暗示而「百病纏身」的情況，在病患中屢見不鮮。

有的病人吃了不少藥、跑了多家醫院，不僅原來的病沒治好，反而又引發了其他的症狀，這是為什麼呢？其中很重要的原因是由於病人疑病心理和情緒緊張對機體產生的作用。由於人的大腦機能活動影響著機體的其他活動過程，緊張、焦急、憂傷等情緒變化通過自主神經的輸出衝動或激素作用，影響軀體功能，引起生理變化而致病。所以，軀體疾病也有其心理根源。

不良心理暗示還真是害人不淺，能讓沒病的變成有病，病輕的人變得病重，聰明的人變得愚笨。

小剛媽媽告訴心理醫生「我在生小剛的時候不太順利，醫生不僅給他吸了氧，還告訴我孩子以後可能會出現智力問題。」「他今年九歲了，和一般的孩子不太一樣。先天不足，腦子不正常，學習上有困難，成績位於班上的後十名，我真擔心他會有智力低下的問題。」媽媽越說越激動，「我已經帶他看了很多家醫院，也做了很多檢查，就是沒查出什麼毛病。」「他主要是腦子有問題，是我生他的時候落下的病根。」媽媽反覆強調。

當醫生將目光轉向了小剛，小剛不假思索的說：「我腦子有問題，所以功課不好，我也很著急，不知怎麼辦好。」小剛媽媽又說：「每一次看病我都將他腦子受過傷的事情，還有影響功課的事情向醫生說一遍。」

最後經醫生測定，小剛智力水準正常，根本不存在智力低下的問題。之所以會出現成績不好的問題，完全是由於媽媽不良心理暗示的結果。而媽媽又是接受了醫生的「這孩子可能會出現智力問題」的不良心理暗示。種種不良的潛移默化的心理暗示，造成了小剛生活和學習上的種種困擾。

心理研究表明，每個人在生活中總會接受這樣或那樣的心理暗示，這些暗示有的是積極的，有的則是消極的。而一些比較敏感、脆弱，獨立性不強的人，譬如婦女和兒童，就比較容易接受暗示。如果是長期的消極和不良的心理暗示，就會對人的生活產生一定的影響，使情緒受到波動，嚴重的甚至會影響到健康。小剛就是由於長期的不良心理暗示導致學習困難。而往往施加不良心理暗示的人恰恰是被暗示者身邊最愛、最信任和最依賴的人，如母親。如果長期對某人施加不良心理暗示，必然影響到個體的認知思維過程，使人形成不良的心理反應和行為模式。而對於缺乏辨別能力的兒童來講，不良的心理反應更易於形成和固定下來，嚴重的甚至會影響到其一生的發展。

在某些極端的情況下，不良的心理暗示甚至能置人於死地。

一個美國電氣工人，在一個周圍布滿高壓電器設備的工作臺上工作。他雖然採取了各種必要的安全措施來預防觸電，但心裡始終有一種恐懼，害怕遭到高壓電擊而送命。有一天他在工作臺上碰到了一根電線，立即倒地而死，身上表現出觸電致死者的一切症狀：身體皺縮起來，皮膚變成了紫紅色與紫藍色。但是，驗屍的時候卻發現了一個驚人的事實：當那個不幸的工人觸及電線的時候，電線中並沒有電流通過——他是被自己害怕觸電的自我暗示殺死的。

前蘇聯也曾報導過類似的事例：有一個人被無意中關進了冷藏車。第二天早上，人們打開冷藏車，發現他已被凍死在裡面，身體呈現出凍死的各種狀態，但是奇怪的是，這冷藏車的冷凍機並沒有打開製冷，車中的溫度同外面的溫度差不多，這種溫度是絕對不可能凍死人的。大概這位死者被關進冷藏車之後，就不斷的擔心自己要被凍死，這種意念對他的身心發生了影響，他就真被凍死了。

一定要體認到不良心理暗示對人的危害極大，假如你因為不良的心理暗示而生了心病，請用積極的心理暗示進行自療。正如人們越來越看重身體鍛鍊一樣，時時注意自身的心理鍛練，使自己擁有一個健康的心理，比擁有一個健康的體魄更為重要。

4　巧用暗示，解決難題

篇頭導讀：你受到了周圍環境的暗示，不知不覺也會產生了與之相應的行為與心情。

在現實生活中，我們無時不在接受著外界的暗示。

舉個最簡單的例子來說，電視廣告對購物心理的暗示作用，廣告的影像、聲音都具有強烈的暗示性。人們看電視時，都是東看看西看看，是一種無意的行為。在無意中，人們缺乏警覺性，這些廣告資訊會悄悄的進入人們的潛意識。這些資訊反覆重播，在人的潛意識中積累下來。

當人們購物時，人的意識就受到潛意識中這些廣告資訊的影響，左右你的購買傾向。比如，當你對兩個品牌的東西拿不定主意時，多半會選擇那已經進入潛意識中的品牌。而當我們回到家，再注意到當初的選擇時，就會感到莫名其妙。這就是很多人經常會亂買東西的一個原因。

利用人們這種普遍的受暗示的心理特性，許多廣告商都會提前為即將上市的商品做廣告。因為他們知道，即使目前人們不會馬上用到他的商品，但有一天用到的時候，這種暗示就會影響人的購買傾向。

在生活與工作中，我們能夠如果利用暗示的這種積極的特性，不僅可以讓事情變得更美好，而且還能解決情緒及生活方面的難題。

1 解決拖延行為

拖延行為是指個體在面臨一項必須完成的活動時，不能立刻、持久投入，而是從事與之無關活動的一種行為現象。它在每個人的生活中都不同程度的存在，在青少年身上表現尤為明顯。

對拖延現象稍加深究，我們能夠發現大多拖延行為都出於拖延者不著邊際的幻想，由於對活動過度焦慮，產生消極情緒將外部困難誇大，而意志力又相對薄弱，不足以克服困難所以產生拖延行為。它是人們逃避現實的心理工具。從本質上來說是自己騙自己的把戲，是自己對自己的一種消極暗示。

如何巧用心理暗示解決這一問題？舉例來說，如果你是一位家長，這時你要先讓你的孩子了解拖延行為的本質是自欺欺人，而且有時候這種行為非常的隱蔽，幾乎沒有人懷疑自己在欺騙自己。讓你的孩子認知到自身拖延行為的存在危害，知道要成功就要當機立斷行動。指導孩子進行心理暗示，縱有千萬條理由，心中也要默念「且慢，還要先做……」

除此之外，你還要培養孩子的積極情緒，向他介紹理智、轉移、幽默、宣洩、昇華、自制等調控情緒的方法，使他學會調控自己的消極情緒，從而逐漸的減少拖延行為。

2　解決自卑心理

自卑，是個人對自己的不當的認識，是一種自己瞧不起自己的消極心理。自卑也是一種消極的暗示。自卑行為常見能力自卑和相貌自卑。

能力自卑的人否定自己的能力，總是認為自己技不如人，遇到事情唯唯諾諾，怕做不好，沒有十足把握就不做。相貌自卑的人總認為自己某個地方長得不好看，有的人對自己的相貌十分挑剔，為某個部位不好看而覺得無「臉」見人，為此，心中總升起一陣陣的惆悵……

一個人若被自卑所控制，其精神生活將會受到嚴重的束縛。那麼，我們如何利用積極的暗示讓自己從自卑的束縛下解脫出來呢？

如果是因為相貌自卑，我們可以先確立良好的「自我意向」，對自己外貌不妨坦然的自我悅納，即以積極、讚賞的態度來接受自己的外在形象，並設法消除各種附加於上的「不良資訊」，不自己給自己找麻煩。只有在心理上承認和接受了自己的「自然條件」，才能進一步的美化自己、喜歡自己，讓自己透出生機勃勃的青春美來。

3 解決肥胖問題

我們常常聽到一些最後放棄了自己減肥計畫的女性說：「我太懶了，不願鍛鍊」或者「我缺乏自制力，沒法執行飲食控制計畫」。這些消極的自我暗示給她們一種負面的心理影響。

積極的自我心理暗示是很有作用的，尤其對於那些由於肥胖而自卑、不太合群的人。比如說，你是一個肥胖者，已在實施減肥，你不妨以肯定的語氣對自己說：「我是一個苗條、健康、強壯、精力充沛的女人。」我們不說希望我變成這樣的人，而是用肯定的話說，好像夢想已經實現。這樣的積極心理暗示會極大的促進我們有興趣的每天進行單調的練習或忍受一些痛苦。

4 解決考生情緒問題

在考大學時，減少失誤，沒有失誤，甚至是超常發揮，是每個考生及家長都希望的事。高考，不僅是智力的考驗，更是心理上的考驗。考試需要有心理暗示，那什麼樣的心理暗示可以讓我們達到心理流暢的狀態呢？

一般來說，語言暗示是最常用的心理暗示方法。考前，自己可以給自己打氣：「我可以，我一定能考上」，「一定要相信自己的能力」……這就是一種「我可以」的強烈暗示，一種激勵。

我們還可以進行動作暗示，比如說，在答題答不下去的時候，為了使自己能夠定下心來，可以做個動作，比如說祈禱或別的動作，給自己一套暗示的動作，使自己達到一種特別的心理流暢狀態。

為了保持心情平靜，你還可以使用情景暗示，如你想像自己最想去的地方或最嚮往的情形同，這樣心情可以馬上平靜下來。

5　解決兒童心理障礙和行為問題

心理暗示法在人們被越來越廣泛的用於解決兒童心理障礙和行為問題。一般來說，三到十二歲的孩子最適合用心理暗示技術來治療心理問題。這是因為，這個時期的孩子天生好奇，想像力豐富，有能力接受多元價值觀念，改變固有觀念，不像成人那麼有偏見。此時使用心理暗示技術，可以很好的治療孩子的學習障礙、自卑問題。

此外，心理暗示法對治療像吸手指、咬指甲、尿床、口吃等問題以及手術前的焦慮、牙痛、慢性病、皮膚病、癌症等問題都有一定的療效。

當然，暗示功能的潛力不可估量，但具體效能要和個人特點相結合，不可一概而論。

5　五種暗示，拯救自己

篇頭導讀：你期望自己成為什麼樣的人，你就怎樣暗示自己。記住：今日的暗示，就是明日的你。

心理暗示現象在日常生活中很常見。

在第一次世界大戰中，前線流行著一種因炸彈的爆炸而得到的「創傷後壓力症候群」，嚴重者竟四肢癱瘓。英國心理學家麥獨孤（William McDougall）參加了戰時治療，他憑藉以往的聲望成功的進行了一次暗示：他用筆在一個下肢失去知覺的士兵膝蓋以下位置畫一個圈，並肯定的告訴患者，次日便能復原。第二天果然恢復了原狀，這樣日復一日的畫圈，士兵很快的痊癒了。這就是醫學上的暗示療法。

有些人生理上一點病也沒有，可總是懷疑自己有病，就變得一天天的消瘦下去。有「暗示療法」經驗的醫生則對病人說：「我給你打一針特效藥，保證你三天以後恢復。」針打了，病人果然神氣活現的好了。其實，醫生注射的是葡萄糖水，真正治好病的是心理暗示。

心理暗示的方法有很多，這裡我們向大家推薦五個比較有效的心理暗示，以供參考。

1 積極語言暗示法

心理學研究表明，積極語言的暗示作用可極大的激發人的潛能。特別是在催眠狀態下，人的思維活動可以完全受語言暗示的支配。常用的積極語言暗示有：我可以！天生我材必有用！堅持就是勝利！人生難得幾回搏！等等。

用積極語言暗示的同時，還要避免經常使用消極語言。當生活、工作、學習不順利的時候，消極話就脫口而出，否定自己，而且全面否定。例如，有些人常說「反正我認為不行，畢竟是不行的」，「總之，我是無能為力了」，「我畢竟比不上他」，「總之，注定是要失敗的」等等。這些語言說多了，就會使人產生自卑心理，使人意志消沉，失去自信。

2　錄音催眠法

有專家將答錄機用在人的睡眠學習上。其原理是，一個人在熟睡之前或尚未完全清醒之前，潛意識是最活躍的時間，此時將錄好的內容，在無意識的催眠狀態下灌注腦海裡，使大腦接受暗示。當一個人在此狀態下接受暗示後，一旦清醒過來，就會遵照被催眠的暗示去行事。

在催眠的狀態下，暗示具有較好的效果。應用的方法是，將你選好的暗示語錄起來，重複錄滿。睡覺時將機器打開，每晚播放半個小時。使你在錄音播放中睡著，這樣反覆播放數周後，暗示語就會生效，你的潛能就會得到開發。

舉例來說，如果你有辦事拖拉、優柔寡斷、缺乏時間概念、懶散等毛病，想去掉這些毛病。你就播放這樣的錄音：「我說做就做，我喜歡當機立斷，我珍惜時間，我很勤快，我有勤勞的美德。」

3　擴大優點法

每個人都有自己的優點，我們現在要做的是，不但設法發現它，還得設法擴大它。即使是微小的優點，一天反覆思索幾遍，也能使你感覺到優點多於缺點。

比如說，如果你自己認為「我一向很害羞，性格也很內向，如果說我有優點，那只有溫柔一項而已」。很好！「溫柔」就是你的優點，反覆對自己說，「我很溫柔，這一點我比別人強」。這樣就可增強你的自信。

4　淡化消極因素法

這種方法就是設法縮小消極面。在實際生活中，有許多人被不安和自卑情緒困擾得痛苦不堪，但稍加分析，就會發現他們將極小部分的失敗或恐懼擴大化了。這與上面的擴大優點法意思是一樣的，但作用恰好相反。

比如，你與上司發生了一次口角，這讓你對工作失去了信心。由於不順心，就影響到整體工作，使自己陷入煩惱的深淵。實際上，這種情況是對工作的某一部分產生了不滿，至於對工作的其餘部分，並沒有什麼意見。可惜，將其擴大化，以偏概全，使自己對整個工作不滿，產生了消極心態。

在此種情況下，不妨做一下分析。對工作失去信心的原因是什麼？是與主管發生了口角。是與所有的主管發生口角嗎？不是，僅與主管中的一個發生口角。沒關係，不會影響你的工作，也不會影響到你的前途。如此考慮問題，消極心態就不存在了，就不會對工作失去信心了。

5　讚美他人法

讚美他人也是一種積極的暗示，而且不僅給他人積極的暗示，同時也給了自己積極的暗示。同時，你讚美他人時，他人必定高興，給你一個笑臉，這也是一個積極性暗示。所以讚美他人是一種很好的積極性暗示，如能經常運用，必然收到較好的效果。特別是對於領導者，如能善加運用這一方法，其效果更大，不但能改進上下級關係，還能調動員工的工作積極性。

6　人類之愛，亦屬暗示

篇頭導讀：愛是一切生命的護身符，它是一切成長的維他命，愛是一切存在的根本前提。

人類之愛有親情之愛、友情之愛、信仰之愛與覺悟之愛。愛是什麼？心理學家認為，愛是出於主觀的，為了目標事物向好的、正確的、健康的方面發展而付出的情感或行為。但也有人說，愛是火，她能融化世界上的堅冰。還有人說，愛是冰，她能凝固一切美好的回憶……

愛到底是什麼？其實沒有人說得清。但所有人都知道我們不能失去愛。一個人失去了愛也就失去了情感的寄託、失去了希望的支柱，就會對世界產生恐懼不安、淒涼孤獨、悲觀失望，變得殘酷無情、狹隘自私、毫無信義。沒有愛就不會產生道德，沒有道德世界就會陷入黑暗與混亂，黑暗、混亂的世界就會充滿冷若冰霜、仇恨妒忌、弱肉強食、相互殘殺，人類也就無法生存、發展。

愛是生命裡最真誠的情懷，它柔軟而細膩，它高尚而無私；愛不但有溫度，有硬度，更有高度。從心理學角度來看，愛也是一種心理暗示。美國心理學大師安東尼・羅賓為我們講述這樣一個故事，通過愛的暗示人們可以活得更美好。

在多年前的一個感恩節的早上，一對年輕夫婦懶散的躺在床上，他們不知道如何度過這一天。因為他們實在沒有錢。耶誕節的「大餐」想都別想，能有點簡單的食物吃就不錯了。

早先若是能跟當地慈善團體聯絡，或許就能分得一隻火雞及烹烤的佐料。可是他們沒有這麼做，為什麼呢？再他們看來，這是沒有骨氣的表現。就這樣兩個人開始在那裡互相埋怨，這一切都被這個家庭最年長的孩子看在眼裡。他內心很痛苦，覺得自己是那麼的無奈和無助。然而命運就在此刻改觀了……

這時傳來了一陣沉重的敲門聲，男孩前去開門，一個身著皺巴巴的衣服、滿臉的笑容的高大男人赫然出現眼前。這個男人手提著一個大籃子，裡頭滿是各種能想到的感恩節食品：一隻火雞、塞在裡面的配料、餡餅、甜薯及各式罐頭等。這家人不知所以，都愣在那裡。這個高大的男人隨後開口道：「這份東西是一位知道你們有需要的人要我送來的，他希望你們知道有人在關懷和愛著你們。」

剛開始，那個做爸爸的還極力推辭，不肯接受這份厚禮。可是那人卻這麼說：「先生，不要難為我，我也只不過是個跑腿的。」他面帶著微笑把籃子放在小男孩的臂彎裡轉身離去，還留下了一句話：「感恩節快樂！」

就是那一刻，小男孩的生命發生了變化。雖然只是那麼小小的一個關懷，卻讓他曉得人生始終存在著希望，因為自己的身邊時刻有人在關懷著他們。在他內心深處，油然興起一股感恩之情，他發誓日後也要以同樣方式去幫助其他有需要的人。

十八歲那年，這個長大了的男孩終於有能力來兌現當年的許諾。雖然收入還很微薄，在感恩節裡他還是買了不少食物，不是為了自己過節，而是去送給兩戶極為需要的家庭。他假裝成一個送貨員，開著自己那輛破車親自送去。當他到達第一戶破落的住所時，前來應門的是位拉丁婦女，帶著提防的眼神望著他。她有六個孩子，數天前丈夫拋下他們不告而別，他們目前正面臨著斷炊之苦。

這個大男孩子開口說道：「我是來送貨的，女士。」隨之他便回轉身子，從車裡拿出裝滿了食物的袋子及盒子，裡頭有兩隻火雞、配料、餡餅、甜薯及各式的罐頭。那個女人看到這種情況不知所措，而她身後的孩子們則爆出了高興的歡呼聲。忽然，這位年輕媽媽抓住年輕人的手臂，沒命的親吻著，同時操著生硬的英語激動的喊著：「你一定是上帝派來的！」大男孩害羞的說：「噢，不，我只是個送貨的，是一位朋友要我送來這些東西的。」

隨之，他便交給婦女一張字條，上頭這麼寫著：「我是你們的一位朋友，願您一家都能過個快樂的感恩節，也希望你們知道有人在默默愛著你們。今後你們若是有能力，就請同樣把這樣的禮物轉送給其他有需要的人。」

大男孩把一袋袋的食物不停的搬進屋子，使得興奮、快樂和溫馨之情達到最高點。當他離去時，那種人與人之間的親密之情，讓他不覺熱淚盈眶。回首瞥見那個家庭的張張笑臉，他對自己能有餘力幫助他們，內心充滿了幸福的感覺。

他的人生竟是一個圓滿的輪迴，年少時期的「悲慘時光」原來是上帝的祝福，指引他一生以幫助他人來豐富自己的人生，就從那次的行動開始，他展開了不懈的追求，直到今日。

顯然，當初那個高大男人給男孩家裡送來禮物的同時，也給男孩送來一份愛。這份愛帶有一種積極的心理暗示，這種暗示的具有一定的傳遞效應。它可以讓人們不放棄自己的美好理想，它可以讓人們為他人付出更多的「禮物」。

7 運用暗示，可減壓力

篇頭導讀：自我暗示法是一種在現代心理治療、心理訓練中廣泛運用的調節身心機能的方法。

現代生活的快節奏，一方面激發了人們的進取心，鍛造著人們的耐力和韌性；另一方面也必然使人們付出高昂的生理和心理代價。尤其是在各種刺激明顯增多和人際關係複雜多變等因素的影響下，人們的心理負荷日益加重，因此造成的心理問題也越來越多。

楊珊是一家汽車公司的推銷員。她平時樂於幫助別人，喜歡跟顧客交談。她對工作充滿激情和熱情，她也將無窮的精力投入到她的工作當中。她辛勤的工作也為她帶來了豐厚的利潤，不到一年的時間裡，她便擁有了屬於自己的房子和車子。

可是這樣的生活並沒有維持多久，楊珊感覺越來越累了，她的熱情也在不斷的消減，她的精力在減弱，她的睡眠品質也越來越差。日常工作越來越難以應付，她開始氣惱她的顧客有這麼多要求，消耗她這麼多精力和時間。她開始頭疼、背疼，每天清晨醒來就覺得像一夜沒合眼似的難受。楊珊原本是一個沉著而放鬆的人，如今她卻吃驚於自己神經的脆弱。她常常無緣無故的對丈夫大發雷霆，對孩子大加指責，對自己的顧客也心不在焉。

儘管她很想丟開這份工作，但她還是越來越拼命的對付著她不斷增長的工作負荷。她這樣拼命的又做了幾個月之後，她徹底垮了。楊珊由於心力交瘁而進了醫院。她燃盡了她的生命能量，身上沒有能量儲備以維持生命的活力，就像一輛燃盡了汽油並且沒有得到適當保養的汽車拋錨在無盡的黑夜之中。

作為一名職場中人，你是不是像楊珊一樣生活在無窮無盡的壓力之下呢？如果是這樣，為緩解工作或生活中的壓力，你必須學會放鬆自己，只有適度放鬆自己，才能提高心理適應程度。

在各種放鬆方法中，自我暗示法對於緩解壓力是比較有效的，它是一種在現代心理治療、心理訓練中廣泛運用的調節身心機能的方法。

運用自我暗示法緩解壓力和調整不良情緒，主要是通過語言的暗示作用。比如，當有比較大的內心衝突和煩惱時，安慰自己「困難總會過去的」，「已經度過了許多難關，這次也一定能順利度過」。有壓力時，可以先坐下來理一理頭緒，看一看問題究竟有多少，切不可讓它充塞在頭腦裡而成為一堆亂麻。應該時刻想到：「我能勝任！」或者「我可能會失敗，但是失敗是成功之母！只要堅持下去，一定會成功！」不論遇到什麼樣的阻力，要保持自信的精神狀態，要堅信：「別人能辦到的，我也能辦到！」

我們如何具體實施這種心理暗示呢？

1 選擇適當的暗示時間。暗示的時間應選擇在大腦皮層興奮性降低的狀態下進行，如早晨剛醒、中午午休和晚上入睡前進行。在大腦皮層興奮度很高的狀態下，不易進行自我暗示。如果需要立即進行自我暗示，應該儘量使自己的身心鎮靜，放鬆精神，排除雜念，在專心致志的狀態下再進行。

2 儘量運用想像。在暗示運用想像要比自我意志努力的效果好。比如，失眠很讓人苦惱，但往往你越想睡越難以入睡；而此時如果你想像著身體的放鬆狀況，具體的想像自己已處在一個十分安靜的環境裡，則會輕快的入睡。

3 選擇積極的暗示內容。暗示內容的選擇，顯示著自我暗示的性質。我們應該選擇積極的能促使人身心健康的內容。倘若杯弓蛇影，就會給身心帶來不良影響

4 努力達到鬆弛和「凝神」。「凝神」是指一心無二用，僅關注於自身的目前狀態和活動的一種「不費力的注意」。這可以先把注意力集中於某一事物，久而久之，注意力自然而然的疲倦、鬆弛，於是不專注於任何事物，從而使得心靈安靜。

8 調整思想，正確暗示

篇頭導讀：馬可．奧里略在《沉思錄》這樣說：「我們的生活，就是由我們的思想創造的。」

透過研究一個人的思想，我們可以知道這個人的脾氣、性格等，因為每個人的特性，都是由思想造成的。而這些思想的形成，又取決於心理狀態。心理狀態好時，思想就是積極的；心理狀態不好時，思想則是消極的。

偉大的斯多葛派哲學家依匹克特修斯曾警告說：「我們應該努力消除思想中的錯誤想法，這比割除『身體上的腫瘤和膿瘡』重要得多。」

我們先聽聽一位曾經有過精神崩潰過經歷的年輕人的故事，可能對很多人都有良好的啟示：

我什麼事情都發愁。我為我太瘦了而憂慮，為我在掉頭髮而憂慮，為我現在生活的不夠好而憂慮，還擔心不能給人留下良好的印象，還覺得我得了胃潰瘍而憂慮，我怕永遠沒辦法賺夠錢來娶個太太，我怕失去我想要娶的那個女孩子……

我為這些憂慮無法工作，不得不辭去了工作。可是，我的內心仍然很緊張，像一個沒有安全閥的鍋爐，隨時都有可能爆炸。如果你從來沒有經歷過精神崩潰的話，祈禱上帝讓你永遠也不要有這種經驗吧！因為再沒有任何一種身體上的痛苦，能超過精神上那種極度的痛苦了。

我精神崩潰的情況，甚至嚴重到沒辦法和我的家人交談。我控制不住自己的情緒，心裡充滿了恐懼，只要有一點點聲音，就會把我嚇得跳起來。我躲開每一個人，常常無緣無故的哭起來。

我每天都痛苦不堪，覺得我被所有的人拋棄了，甚至上帝也拋棄了我。我真想跳河自殺。但後來我決定到佛羅里達州去旅行，希望換個環境，這樣也許對我有所幫助。我上了火車之後，父親交給我一封信並告訴我，等到了佛羅里達之後再打開看。到佛羅里達的時候正好是旅遊旺季，因為旅館裡訂不到房間，我就在一家汽車旅館裡租一個房間睡覺。我想找一份差事，可是沒有成功，所以我把時間都消磨在海灘上。

我在佛羅里達時比在家的時候更難過，因此我拆開那封信，看看我父親寫的是什麼。他在信上寫道：

「兒子，你現在離家一千五百里，但你並不覺得有什麼不一樣，對不對？我知道你不會覺得有什麼不同，因為你還帶著你所有麻煩的根源——那就是你自己。無論你的身體或是你的精神，都沒有什麼毛病，因為並不是你所遇到的環境使你受到挫折，而是由於你對各種情況的想像。總之，一個人心裡想什麼，他就會成為什麼。當你明白這點以後，就回家來吧。因為那樣你就好了。」

我父親的信使我非常生氣，我要的是同情，而不是教訓。我當時氣得決定永遠不回家。那天晚上，經過一個正在舉行禮拜的教堂，因為沒有別的地方好去，就進去聽了一場講道，講題是「征服精神，強過攻城掠地」。我坐在神的殿堂裡，聽到和我父親同樣的想法——這一來我就把腦子裡所有的胡思亂想一掃而空了。我第一次能夠很清楚而理智的思考，並發現自己真是一個傻瓜！

看清了自己，實在使我非常震驚，我還想改變這個世界和世界上所有的人。其實唯一真正需要改變的，只是我腦部那架思想相機鏡頭上的焦點。

第二天清早我收拾行李回家，一個星期以後，我又回去做以前的工作。四個月以後，我娶了那個我一直怕失去的女孩子。我們現在有一個快樂的家庭，生了五個子女，無論是在物質方面或是精神方面，上帝對我都很好。

當我精神崩潰的時候，我是一個小部門的夜班領班，手下有十八個人；現在我是一家紙箱廠的廠長，管理四百五十多名員工。生活比以前充實、友善得多。我相信我現在能明白生命的真正價值了。每當感到不安的時候，我就會告訴自己：只要把攝影機的焦距調好，一切就都好了。

我要誠實的說，我很高興曾經有過那次精神崩潰的經驗，因為它使我發現思想對身心方面的控制力。我現在能夠使我的思想為我所用，而不會有損於我；我現在才知道我父親是對的，使我痛苦的，確實不是外在的情況，而是我對各種情況的看法。一旦我明白這點之後，就完全好了，而且不會再生病。

一個人是成功還是失敗，就在於自我暗示的微小差別。可是，有人會說：「那我們凡事都進行積極的自我暗示不就行了嗎？」關鍵是大家如何產生正確的、積極的思想，這是大家都必須面對的問題。事實上，這也是大家需要應付的唯一問題。如果我們的思想是積極的、正面的，那麼我們就可以透過正確的管道解決生活中所遇到的問題。

第四章　奇方妙法，情緒管理

美國著名心理學家丹尼爾・高爾曼提出，一個人的成功，只有百分之二十是靠智商（IQ），而百分之八十則是憑藉情商（EQ）。正確的情商管理理念是用理性的、人性的態度和技巧來管理人們的情緒，善用情緒帶來的正面價值與意義幫助人們成功。

1 積極轉念，改變人生

篇頭導讀：對已經發生而無法挽回的事實，只能坦然接受，懊悔已於事無補，只能積極轉念，正向思考。這才是掌握人生的正確之道。

一般來說，一個人在工作上或生活中遭遇困難，或對人生感到失望時，就會產生負面情緒。然而真的是老天不公平嗎？到底是誰造成我們的不快樂呢？

有這樣一個故事，值得大家反思。

有一位老人家，有一百多歲了。他每天都很快樂。周圍的人好奇的問他：「為什麼你每天都這麼快樂呢？」這位老人笑呵呵的回答：「因為我每天早上起床都有兩個選擇，一個是快樂，一個是不快樂，而我每天都是選擇快樂，所以我每天就很快樂。」

原來是這樣啊！其實問題很簡單，我們每個人都有「自主選擇權」，可以決定自己的情緒走向，而且有福氣做一個「情緒自由」的主人。一直以來，讓我們陷入惱怒、悔恨、忌妒、逃避、焦慮等負面情緒的關鍵人物，其實就是我們自己。這就像那個半杯水的故事一樣。同樣是半杯水，消極者說：「我只剩下了半杯水。」積極者卻說：「我還有半杯水！」同樣擁有，卻有兩種截然不同的心態和價值判斷。

如果我們想跳出「消極者」的情緒陷阱，就應該好好學習如何做一個「積極者」。

美國認知行為學派的心理學家指出：一個人對人、事、物如果有錯誤的「認知」，比如以偏概全，或誇大嚴重性，則有可能造成情緒困擾。所以，如果一個人從「認知」就開始覺察和改善，接著在「行為」上做調整，那麼，被負面情緒影響的程度將大幅降低。

例如，當我們被別人「說」的時候，通常會有些反應，要進入「解讀」對方話語的管道。如果從我們的「認知」來「解讀」對方的說法（包括語詞、態度、口氣），解釋為「批判、責難」，那麼，我們已經為對方貼上標籤，認定「對方在找我麻煩」。如果我們的「認知」更有彈性和冷靜，我們可以解釋為：他是好意，只是說話的語氣或方法讓人受不了；他的建議，我願意接受並據以改進自己，至於他的語氣和態度，等找對時機，我再好好跟他溝通；或是對方可能有壓力了，才會這樣說話，我願意給他一個機會，讓他冷靜下來。一轉念之間，我們「認知」的領域擴大了，就不會在別人身上貼標籤了。

哈佛大學的一位教授講過一件這樣的事：

幾年前，他把畢業班的一個學生的成績打了個不及格，這件事對那個學生打擊很大。因為他早已做好畢業後的各種計畫，現在不得不取消，這使他非常沮喪。現在，他只有兩條路可走：第一是重修，下年度畢業時才能拿到學位。第二是不要學位，一走了之。

他非常不甘心，並找這位教授要求通融一下。在知道不能更改後，他大發脾氣，向教授發洩了一通。

這位教授等待他平靜下來後，對他說：「你說的大部分都很對，確實有許多知名人物幾乎不知道這一科的內容。你將來很可能不需要這門知識就獲得成功，你也可能一輩子都用不到這門課程裡的知識，但是你對這門課的態度卻對你大有影響。」

「這是什麼意思?」這個學生反問道。

教授回答說：「我能不能給你一個建議呢?我知道你相當失望，我了解你的感受，我也不會怪你。但是請你用積極的態度來面對這件事吧!這一課非常非常重要，如果不真心培養積極的心態，根本做不成任何事情。請你記住這個教訓，幾年以後就會知道，它是使你收穫最大的一個教訓。」

後來這個學生又重修了這門功課，而且成績非常優異。不久，他特地向這位教授致謝，並非常感激那場爭論。

「這次不及格真的使我受益無窮。」他說，「看起來可能有點奇怪，我甚至慶幸那次沒有通過。因為我經歷了挫折，並嘗到了成功的滋味。」

這種有彈性的「認知」，絕不是「阿Q式」的精神勝利法，或刻意的討好別人，而是給自己在情緒管理上一個「自主選擇權」。我們在「解讀」對方的言語舉止時，要選擇有助於自己調適的方向。

2　情境演練，認清價值

篇頭導讀：每個人價值觀的形成通常和自己的父母、師長、朋友等有關，我們從小和誰比較接近，或比較相信誰的說法，不知不覺中也就學會了他們的情緒反應和處事態度。

我們前面說過「認知」系統對一個人情緒影響很大。那麼，這個「認知」是從哪裡來的呢？心理學家認為，「認知」來自於我們腦海中的無數個價值觀，這些價值觀影響我們對人、事、物的態度，並決定我們受人、事、物影響時的反應。有的人的價值觀是開明通達的、正面的，比如說，「雖然他在背後說了我的壞話，但我一定可以克服這個難題。」「這個困境暫時跳不出來，但我還可以找到其他的出路。」而有的人的價值觀是狹隘的、負面的，比如說「離開我的人都不會有好結果。」「既然是老天安排的，我也就認了吧！」

這些價值觀又從何處得來呢？每個人價值觀的形成通常和自己的父母、師長、朋友等有關，我們從小和誰比較接近，或比較相信誰的說法，不知不覺中也就學會了他們的情緒反應和處事態度。

有些價值觀不會隨著社會背景、風俗民情等發生轉化，然而有些負面且具影響力的價值觀，一直以來都發揮很大的威力。如果你不深入覺察和取捨，往往會受到它們的影響，甚至被控制。例如，有時你在誇獎一個人時，沒想到對方卻謙虛的謝絕了：「別這樣說，不要把我說得太好。」對方說這句話時可能受一種根深蒂固的價值觀所影響，這種價值觀認為「話說得太滿，容易遭天譴，且會立刻實現」。這種似是而非的價值觀，讓我們在「自我接納」的路途上又遲緩了一步。

在下面列出三種情境演練法，讓我們從「覺察」價值觀入手，同時學習如何選擇下面的積極的情緒反應。

1　紙上作業法。寫下此刻腦海中浮現的念頭，評估哪些負面價值觀應該被修改成為正面的價值觀，寫下自己哪些負面價值觀被修改成為正面的價值觀。比如說，「我很擔心他不理我了。」修改為：「和我做朋友，是他的福氣。」

2　角色扮演法。參加一個社會團體，在這裡面，接受輔導者的引領，自己也參加角色扮演的活動。在互動過程中，透過雙方的言語、行動，可以覺察到自己的哪些價值觀讓對方有壓力。這個「對方」可能扮演我們的父母、子女，或同事、朋友，甚至是扮演我們自己。這樣，當我們回到現實生活中，就會更加警覺，不讓負面的價值觀影響了我們與他人的關係。

3　他人示範法。我們還可以去參加一些專業的成長課程，親身觀摩正確的示範，或是多認識一些積極思考的朋友，觀察他們的情緒反應，學習他們在待人處世時所選用的價值觀。

3 創造回饋，助人助己

篇頭導讀：一個人的認知（想法）會影響他的情緒走向，所以，一個人首先要改變想法，才有可能改變情緒。

生活中，每個人都希望改變頭腦裡會帶來負面情緒的想法、念頭，讓自己隨時都充滿快樂、喜悅的情緒。然而，有時候我們就是這樣「卡」在尋找正面情緒的死角裡，找不到出路，這時該怎麼辦呢？

這時，我們可以使用創造回饋法，來戰勝負面情緒。當你處於負面情緒時，你可以主動去說服那些需要被說服的人，你在幫助別人的同時，也為自己創造了快樂。

有一則寓言故事：從前，有一個名叫魯魯的小矮人，他在一次外出時撿到了一條神奇的毛巾，這條毛巾能變出許多吃的。這個小矮人高興極了，他天天拿出來自己變好吃的，從不給別人吃，結果終於有一天變成了個大胖子。這時的魯魯很懊悔，他的心情也壞到了極點。有一天，他所住的村裡鬧饑荒，魯魯連忙拿出自己神奇的毛巾跟大家分享食物。就這樣，魯魯忙了一個夏天，人也變瘦了。魯魯了明白了一個道理：幫助別人其實也是在幫助自己。

「送人玫瑰，手留餘香」，這不光是一句美麗的話語，更是一個改善心情的方法。

程蘭剛剛失業了，在都市這種高物價的地方，一旦失業，那種巨大的壓力可以讓人透不過氣來。每天上午，程蘭去職業介紹所投幾份履歷之後，不願意回到那狹窄的出租屋，只能一個在路邊晃蕩著。那段時間，程蘭很痛苦。好多次，走在路上，程蘭都有一種想要大喊大叫的感覺。

這天，程蘭如往常一樣，在街上漫無目的的走著。這時候，她看到路邊有一個女孩，拎著大大行李箱。從穿著打扮來看，大概是剛畢業的大學生。女孩看著程蘭，一副欲語還休的模樣。這時程蘭猜測她是不是有什麼事需要自己幫忙的。

猶豫再三，程蘭主動上前跟女孩打招呼。也許是出於防備心理，這個女孩用警惕的目光打量著程蘭。程蘭本來心情就不好，看女孩還是這種眼光。自己也很生氣，決定一走了之。可是轉念一想，誰遇見陌生人都有提防心理，這時她帶著誠意的心態，主動與對方聊了起來。

這個女孩看程蘭一副誠懇的樣子，也就放下了戒心。兩人聊了起來，原來，女孩剛到城裡，才下火車，就被可惡的小偷偷去了身上的錢和手機。她原本是要投靠同學的，現在身上什麼都沒有了，可又不敢隨便問別人。

得知這一情況之後，程蘭讓女孩用自己的手機跟同學聯繫上了，並且主動將女孩送到了她朋友的住處。告別女孩後，程蘭也精神昂揚的準備回家。這時候，她忽然發現，自己的心情比先前好了很多。

這件事也告訴我們：當我們被一個人或一件事「否定」時，自我價值感就會下降，情緒也會轉壞；如果我們能儘快找到提升自我價值感的機會，情緒也將很快跟著回暖了。

生活中，如果感覺心情不好時，你可以儘快打一通電話給需要被關心的朋友，或走出家門，去創造有人對你說「謝謝」的機會。這樣，你可以在極短的時間內，從治標著手，可以找到情緒管理的祕訣。

4　雙贏策略，大智大慧

篇頭導讀：在「雙贏策略法」中，沒有人被打敗，大家都是贏家。

博弈論中有一個重要的概念：零和遊戲。所謂零和遊戲，是一項遊戲中，遊戲者有輸有贏，一方所贏正是另一方所輸，遊戲的總成績永遠為零。

在許多體育比賽，我們都可以看到這種現象。當你看到兩個打乒乓球的人時，你就可以說他們正在玩「零和遊戲」。因為他們最終總會一個贏，一個輸。如果我們把獲勝計算為一分，而輸球為失一分，最後兩人得分之和為零。

這正是「零和遊戲」的基本內容：遊戲者有輸有贏，但整個遊戲的總成績永遠為零。零和遊戲是博弈的一種模式，也是一種思維模式。習慣於依照零和遊戲和模式考慮問題，就會認為對方的「贏」就是自己的「輸」。

生活中，總有些人把情緒的管理視為一個「你輸我贏」的零和遊戲，但真正會管理情緒的人卻這樣想：我應該選擇一種「雙贏」的策略——追求「你好我也好」。這就是情緒管理中一個祕訣——雙贏策略法，即維持雙方的自我價值感，再找出雙方都同意的、認為合理的觀點。

美國著名心理輔導專家叫大衛·柏恩斯在其著作《感覺很好》中提到，當他在演講會場碰到有人提問題向他挑戰時，他往往運用「反詰問法」來處理，這是一種富有成效的溝通技巧。

大衛·柏恩斯認為，一般來說，我們碰到有人侮辱我們或向我們挑釁時，很快會有如下三種反應：

第一種反應是悲哀：開始自責，並且覺得自己不夠好；

第二種反應是憤怒：責備對方，覺得都是對方的錯；

第三種反應是高興：有足夠的自我認同感，被別人批評時，先從「自我檢查」著手。比如，自問：「這些批評是對的嗎？自己是否客觀行事？我真的把事情弄糟了嗎？」同時，認定自己是一個不錯的人，不見得要事事完美。

以上三種反應，相信大家多會選擇第三種，這樣情緒既不受對方影響也不會自我貶低，還透過「自我檢查」過程，得到成長的機會。

在現實生活中，你如果碰到家人、學生、部屬或客戶質問你，在你的負面情緒快要被惹起來的時候，不妨試試這一招！

根據大衛・柏恩斯的分析，這種挑釁者往往表現出三種特質：

1　他們有意批評，但不是「就事論事」；
2　他們的人緣不佳；
3　他們有時滔滔不絕的罵個不停。

根據挑釁者的這三種特質，我們可以這樣運作「反詰問法」：

1　馬上感謝對方；
2　承認他所提到的事很重要；
3　強調除了他所說聽，還有些其他重要的觀點；
4　邀請挑釁者分享最後的感受。

大衛・柏恩斯說，他運用「反詰問法」來解決挑釁者的刁難挑戰，屢試不爽，甚至有的挑釁者在會後向他致歉或感謝他的和善言詞。

因此，下次當有人來向你挑釁時，你應該很高興的「感謝」他，同時觀察自己如何更好的運用雙贏策略法。

5 空椅治療，內射外顯

篇頭導讀：空椅子療法可以讓人們學習活在「此時此刻」，減少被「過去已發生的事」和「未來可能發生的事」的干擾。

幾把空椅子可以改變人的情緒嗎？不錯，是這樣的。下面的故事就是一個典型案例。

美國有一個叫傑姆的十一歲男孩，有一天，他在玩遊戲的時候，家裡的門鈴響了。當他正準備去開門的時候，他媽媽大聲叫他不要開門，但他偏偏開了。於是，他媽媽的男朋友走了進來，用手槍打死了他的媽媽。

就在這個事情發生以後，不僅傑姆的哥哥姊姊責怪他害死了母親，他的同伴也都迴避他。傑姆變得沉默寡言，有時會表現出一種暴怒，學習更是一落千丈。

在他十八歲那年夏日的一個下午，他站在街頭，用手槍打死了一個人，打傷了幾個人。後來他進了監獄，在那裡他接受了一種心理治療：治療者要他想像他已經死去的母親正坐在一張「空椅子上」，並對「空椅子」談話。嘗試了幾次後，他變得越來越激動，最後他突然說「是我殺死了你」，並在他媽媽死後第一次哭了。治療者以此幫助他接觸和接受自己的真實感情。後來，傑姆在社交、學習上都獲得了明顯的進步，在監獄外的適應也很成功。

空椅子療法實際上是一種完形心理療法。所謂「完形」，德文原意強調將事物當作完整的整體看待。而完形心理療法主張透過增加對自己此時此地軀體狀況的知覺，認識被壓抑的情緒和需求，整合人格的分裂部分，從而改善不良的適應。

這一學派的治療者認為，一個身心健康的人往往能敏銳的察覺自己的軀體感覺、情緒和需求，從而妥當的組織自己的行為，使自己的情緒得到宣洩，需要得到滿足，身心功能得到正常運轉。相反，一個有心理障礙的人不但不能敏銳察覺自己的軀體感覺、情緒和需要，而且會壓抑它們。他們往往將那些不希望看到的心理活動壓抑到潛意識中。長期的壓抑不僅使這些感覺、情緒和需求得不到正常的表達和滿足，使人變得麻木和僵化，更會引起焦慮、抑鬱等神經症症狀。如此形成一個惡性循環，使患者難以自拔。

空椅子療法是使當事人的內射（意指吸收外界的價值觀與標準、併入自己的價值觀，使之不再是外在的威脅，如：戰俘接受敵人的價值觀，或受虐子女接受其父母的方式，但長大後亦虐待其子女。）外顯的方式之一。那麼，在現實生活中，它有哪些具體的功能呢？

1　處理衝突

我們可以準備兩張或數張椅子（有時也可以坐墊替代），然後以每張椅子代表不同的角色來進行心靈對話。

比如說，我們將 A 椅子代表家長，B 椅子代表孩子。當我們坐在 A 椅上時，說：「你每天只會看電視，也不好好念書，這樣成績怎麼會好呢？」接著，我們換坐到 B 椅上，閉眼體會孩子可能的心聲：「我上了一天的課了，很累了，可不可以不嘮叨。」然後坐回 A 椅：「你每次都要幫自己找這麼多的藉口，難道你不想為自己的前途著想嗎？」再坐回 B 椅：「我知道你們的意思，可是你們這樣做只會給我更大的壓力！」

像這樣扮演不同角色互相對話的過程，繼續至少半小時，讓自己在不同的角色中體驗。逐漸的，我們有了機會說出壓抑多時的苦悶，同時，還能學習理解另一方的感受。這樣與另一方的關係就有機會取得協調。

運用空椅子對話的方式還可以處理夫妻、同事以及男女朋友間的關係，甚至是「理想我」和「現實我」之間的關係，也可以借此找到改善的契機。

2 宣洩壓抑

有時候也可以在心理輔導室或成長團體的現場，只擺一把空椅子，這把空椅子代表可恨的對方，我們在「自己」和「對方」之間對罵，甚至可以拿枕頭或椅墊去捶打代表對方的空椅子。如此一來，罵完了，打完了，氣也消了一大半。這樣你在回到現實生活中，就比較容易原諒對方。

3　不留遺憾

有些人可能由於某些原因所致，無法向對方表達自己的意願，於是心裡留下了深深的遺憾。這時我們也可以運用空椅子療法，向「對方」說出心中的思念、追悔或感謝，讓自己和對方的關係有個完整的結束，而不再帶著遺憾生活。

6　音樂療法，享受快樂

篇頭導讀：音樂悠揚舒緩的旋律、節奏、音調，對人體都是一種良性刺激。

音樂療法是指利用音樂對某些疾病進行輔助治療的一種心理治療方法。現代醫學和心理學研究表明，音樂對人體的生理功能和心理狀態有明顯的調節作用。

人在悲傷的時候，音樂輕輕拭乾人的淚水；在人痛苦的時候，音樂讓人超脫；在人煩惱的時候，音樂緩緩為人排解。「聽曲消愁，有勝於服藥矣。」列寧曾在談論貝多芬時說：「我願每天都聽一聽他創作的樂曲，這是絕妙的音樂。」

音樂治療的適用範圍很廣。常用於配合治療各類神經官能症和身心疾病。音樂治療通常很少作為單一的治療措施應用於臨床，須結合其他治療方法，才能發揮其有效的治療作用。

德國醫生曾用音樂拯救了一位裝上新的心臟的病人，此病人術後十六天昏迷不醒，躺在明斯特大學醫院的急救中心。為了使他從昏迷狀態中清醒過來，醫生們使用了一切辦法，但都無濟於事。在萬般無奈之下，病人家屬同意讓女治療學家達格瑪律・古斯托爾夫為他唱歌，以使他恢復生命。

古斯托爾夫醫生和病人第一次接觸時，握著病人的一隻失去知覺的手，唱起了一連串的音符，其旋律和病人的呼吸和脈搏的節奏一致。但是，第一次病人沒有做出明顯的反應，因此她在十分鐘後停止了唱歌。兩天後，這位女醫生又一次握著病人的手，開始唱歌給他聽。突然，病人開始朝胸部移動他的手，眨眨眼，轉動了頭。雖然病人還不能講話並且仍透過儀器來維持生命，但是他已恢復了知覺，並能透過儀器表達他的感情。

為什麼音樂有如此神奇的作用呢?專家認為，音樂以聲波的方式作用於大腦，透過丘腦和邊緣系統影響情緒及其他生理功能。由於各種樂曲的旋律、節奏、音調、音色的不同，產生的情緒反應也各不相同，如興奮、輕鬆、和諧、悲壯、低沉等等。同時也相應的影響到血液循環、胃腸蠕動、骨骼肌收縮、激素分泌等新陳代謝狀態。所以合理的欣賞音樂，可以抒發情感、陶冶情操、增進自信、調節行為(包括外顯行為和內在行為)的作用。

運用音樂療法，最為重要的是音樂的選擇。由於音樂療法是透過音樂所表現的思想感情來感染處於不同心境中的人，因此音樂的選擇極為重要。不同的音樂具有不同的特點。例如，A調的柔情和傷感，自信且充滿了希望；B調的溫暖與恬靜，勇敢且有豪情；D調洋溢著熱情；E調則給人以安定之感。

當你在學習中遭受挫折，變頭喪氣時，聽一聽貝多芬的《命運》，你或許可以從悲嘆中振作，繼續勇敢的面對生活中的風風雨雨；當你工作疲憊不堪時，聽一聽《春江花月夜》、《高山流水》、《二泉映月》，讓你在大自然的天籟之音中得到舒展和放鬆；當你輾轉難眠時，聽一聽節奏舒緩、輕柔悅耳的《仲夏夜之夢》，你或許會酣然而睡。

以上均是用音樂中所包含的情感來感染人們，使人們產生一種共鳴，進而達到情緒調節的目的。

當然，音樂雖然能調節人的心情，但聽音樂時也應注意以下幾點：

1　生氣時忌聽搖滾樂。人在生氣時，情緒易衝動，常有失態之舉，若在怒氣未消時聽到瘋狂而富有刺激性的搖滾樂，無疑會助長人的怒氣。

2　睡前忌聽交響樂。交響樂氣勢宏大，起伏跌宕，激蕩人心，睡前聽此類音樂，會令人精神亢奮，情緒激動，難以入睡。

3　吃飯忌聽打擊樂。打擊樂一般節奏明快、鏗鏘有力、音量很大，吃飯時欣賞，會導致人的心跳加快，情緒不安，從而影響食欲，有礙食物消化。

4　空腹忌聽進行曲。人在空腹時，饑餓感受很強烈，而進行曲具有強烈的節奏感，加上銅管齊奏的效果，人們聽了受步步向前的驅使，會進一步加劇饑餓感。

用音樂調節情緒不同於一般的音樂欣賞。音樂欣賞中，人是主動的去體驗和感受不同音樂中所包含的不同感情，即相對於待欣賞的音樂而言，人則處於主動的地位；音樂調節則是在特定的環境中，利用特定音樂的節奏和旋律，來進行心理情緒的自我調節，進而達到改善情緒的目的，即人們主動的利用音樂改變自身的情緒，相對於人的情緒來說，音樂則處於積極主動的地位。

7 園藝療法，找回平靜

篇頭導讀：園藝療法讓人在培養花草的過程中，喚起對生命的渴求，從而達到提高身體基本素質的目的。

所謂的園藝療法是對於有必要在其身體以及精神方面進行改善的人們，利用植物栽培與園藝操作活動從其社會、教育、心理以及身體諸方面進行調整更新的一種有效的方法。

園藝提供的是另一種刺激，豐富而溫和，如愛人的私語。花香，微風，手指間泥土的潮濕，新摘瓜果的口味，無一不喚醒著人的感官。這些豐富的感受可以讓煩悶和憂鬱一掃而光。一位名叫李那托·麥加的人在《英國庭園》中對園藝的治療效果記述道：在閒暇時，您不妨在庭園中挖坑，靜坐一會，拔拔草，這會使您永保身心健康。

當我們進入到園藝的世界中，像是睜開了另一隻眼睛，看到了以前不曾看到的東西。

從事文秘工作的琳琳就是這樣：她每天和各種資料打交道，雖然偶爾在辦公桌上也擺上一盆小植物，可她從來也不會注意生活周圍有什麼植物。自從她開始在自家的院子裡種上花花草草，情況就不一樣了。現在她每到一個公園，都能有一些新的發現，比如一種很漂亮的花，一種好看的柵欄設計，或是一種有趣的對比或布局。當她為這些新的發現而陶醉，甚至考慮如何應用在自己的花園裡的時候，工作中的種種煩惱不知不覺變得遙遠起來，而眼前的美麗則更為真實。

除此之外，園藝療法還有以下精神功效：

1　使人變得安靜。在我們居住的周圍種植草木，人於其中散步或透過門窗眺望，可使人心態安靜。據報導，在可以看見花草樹木的場所工作，不僅可以減輕工作強度，還可以使人產生滿足感，如果是園藝栽培活動的話，效果則更佳。

2　增加活力。投身於園藝活動中，使情緒不安的人忘卻煩惱，產生疲勞感，加快入睡速度，起床後精神更加充沛。

3　抑制衝動。在自然環境中進行整地、挖坑、搬運花木、種植培土以及澆水施肥，在消耗體力的同時，還可抑制衝動，久而久之有利於形成良好的性格。

4　培養忍耐力與注意力。園藝的對象是有生命的花木，在進行園藝活動時要求慎重並有持續性。例如，修剪花木時應有選擇的剪除，播種時則應根據種子的大小覆蓋不同深度的土壤，這些都需要慎重與注意力。若在栽植花木的中途去做其他事情，等想起重新栽植時，花木可能已枯萎。因此，長期進行園藝活動的結果，無疑會培養忍耐力與注意力。

5　培養自信心。待到自己培植的花木開花、結果時，會受到人們的稱讚，這說明自己的辛勤勞作得到人們的承認，自己在滿足的同時還會增強自信心。

根據美國園藝治療協會的定義，園藝療法是一種「可以適用於各種不同年齡，不同身體狀況和不同心理健康水準的人，幫助他們在社會交流上、在教育上、在心理上、在身體上調整自己，促進身體、心理與精神的進步與成長。」

從這裡可以看出，園藝療法並非針對一種特定疾病，而是一種整體療法、全人療法。它的應用非常廣泛，不僅適用於病人，也適用於健康和亞健康狀態的人。

8 顏色調節，視覺享受

篇頭導讀：顏色不僅與人的視覺有關，而且可以影響人的情緒和行為，甚至還可以影響人的學習、工作效率。

顏色可以改變人的心情嗎？當然可以，歌德早在其《色彩論》中就曾生動的描述過幾種顏色所引起的不同的情感。比如，他認為綠色給人以滿足；紅色則象徵著崇高和尊嚴。

顏色為什麼會使人產生不同的感覺呢？這主要是因為不同的顏色具有不同的色調、明度和飽和度。我們平常所說的冷色和暖色，就是顏色給人的不同的感受。

一般來說，人們常認為，紅色代表著熱情和活力，它激起人的興奮，引發人的欲望。比如，鬥牛士常常會手拿一塊紅色的方巾，以此來激起鬥牛的興奮，使比賽更富有激情；綠色代表著和平和友誼，給人以安靜、溫和之感；黃色代表著快樂和明淨，給人一種溫暖、舒適的感覺；藍色代表著開闊和深沉，給人一種舒適、安穩之感；黑色代表著凝重和哀痛，給人以壓抑、肅穆之感；白色則代表著聖潔和天真，給人以高雅、純真之感。

8　顏色調節，視覺享受

實驗證明，不同的顏色的確能給人以不同的感受。有這樣一個有意思的故事可以說明顏色的威力。

一九四零年，美國紐約的碼頭工人大罷工。原因很簡單，工人們認為他們搬運的彈藥箱太重，要求改善工作條件，減輕彈藥箱的重量。資方當然不願接受工人的條件，這時候，一位叫賈德的教授提出了一個辦法，將彈藥箱漆成淺綠色，並告訴工人重量已減輕，資方照辦了。面對新刷成淺綠色的彈藥箱，工人們沒有怨言了，也不叫苦了，不僅恢復了工作，而且勞動效率也提高了。其實，彈藥箱的重量一點沒有減少，體積也沒有絲毫變化，唯一變化的就是顏色。

為什麼工人沒有怨言了呢？這是因為顏色能使人感到不同的冷暖、重量、味道，如紅、橙、黃色引起溫暖感，並有向前突出的感覺；藍、綠、紫色引起寒冷的感覺，並有深遠感。深的色調使人感到遠且重，淺的色調使人感到近且輕。實驗也顯示：在綠光照明下，人的聽覺能力會提高，而在紅光照明下，聽覺能力會下降；在橙色的燈光照射下，手的握力比平常大，而在紅光下，手的握力會更大；在紅光照明下物體的大小感覺比在藍光照明下大等等。我們把顏色對心理的各種影響，稱之為顏色的心理效應。

日常生活中，我們隨處都可看到顏色對人的心理的影響。大街上的紅綠燈，家中各種色彩的搭配與協調等等。

在臨床實驗中，牆壁上塗上白色、淡藍色、淡綠色、淡黃色能使病人鎮靜、安適，有助於恢復健康；紅色和藍色能促進血液循環；高血壓病人戴上深棕色或茶色的眼鏡，有助於降低血壓；

淡藍色的環境對發燒病人能產生退燒作用，藍色對感冒有康復作用；黃色可增加病人的食欲；紫色環境使孕婦感到安慰。

在競賽中也常利用顏色調節運動員的心理狀態。比如，運動在過分緊張時，綠、藍、紫色，具有鎮靜作用。這時可設法用綠毛巾擦汗，飲用帶綠色的飲料，到藍色環境中休息一下，可使過度興奮得到緩解。如果運動員臨場精神狀態萎靡不振，則應多給紅色或黃色刺激。

不同的顏色會帶來不同的感受，斑斕的色彩構成了絢爛的人生。在生活中，我們可以運用這些規律來有意識的調節自己的情緒。

9 調節呼吸，改善狀態

篇頭導讀：學會調節自己的呼吸，有助於緩解緊張、焦躁，煩悶的情緒。

雖然人人都在不停的呼吸，都知道呼吸對於維持生命的必要性，但卻不一定知道某些特定的呼吸方法有緩解精神緊張、壓抑、焦慮的功效。經由一段時間的練習，掌握一些基本方法，就可以運用呼吸進行自我心理調節。

我們都知道，人與人之間相處難免會發生矛盾。這其中，利益衝突、矛盾糾紛、意見不同，每一件事情都在刺激人們的神經，擾亂人們的情緒，讓人憂傷、憤怒，甚至仇恨、痛苦，每一天情緒都在千回百轉。當遇到這些事情的時候，怎麼樣才能以最快的速度恢復平靜呢？這時如果試著做幾個深呼吸，通常有助於情緒的控制，使激動的情緒趨於平靜。

這是因為，情緒緊張時呼吸快而淺，而深呼吸使體內吸入大量氧氣，呼出大量二氧化碳，從而使血流中的二氧化碳失去平衡，於是中樞神經系統便迅速作出保護性的抑制反應，這樣緊張狀態就得以消除。

調節的呼吸方法有很多，在日常生活中，如果行、住、坐、臥都能保持不急不緩的動作，讓呼吸節奏均勻，氣自然順暢。氣順了，就可轉化為足夠的活動能量，身心便可獲得舒展和放鬆，情緒自然而然的就平靜下來。

呼吸調節法常採用下面三種方式：

1　深呼吸。當情緒激動難以自制時，可試著運用深呼吸來降低激動的情緒。開始時選取一種舒適的坐姿，然後，輕輕閉上雙眼，讓心情逐漸平靜下來，然後開始深深的吸氣。吸氣時速度要慢，緩緩的吸足氣後，屏息一至二秒鐘再徐徐呼氣。呼氣比吸氣更加緩慢，待把吸的空氣完全呼出後，再重新慢慢吸氣。這樣反覆重複多次，就可以使心情逐漸平靜下來，身心也得到了放鬆。

2　腹式呼吸。這是一種調整呼吸有利於放鬆、集中注意力的方法。先選取一種舒服的姿勢，坐在椅子上或自然站立著，然後輕輕閉上雙目。先把氣從口和鼻子慢慢吐出，邊吐邊使腹部凹進去。待空氣完全吐出後，閉上嘴，從鼻子慢慢吸進空氣，把腹部漸漸鼓起來。吸足了氣之後暫停呼吸。然後再一邊從鼻孔輕輕的把氣吐出來，一邊讓腹部凹進。

初練習時可用嘴配合吐氣，以後用鼻子呼吸。在做練習時，還可以在吐氣時默數「一、二、三……」數到十時，又回過頭來從一數起，注意力就會自然的集中到數數上。

3 內視呼吸。這是一種運用視覺表像來調節呼吸，進而調節心情的方法。具體步驟是先閉目靜坐，舌尖抵住上顎，臉部呈自然放鬆狀態。然後，一邊做慢而深長的腹式呼吸，一邊想像氣流正緩緩的從鼻孔進入鼻腔。接著，在想像中氣流繼續前進到達腹腔，再經過左(右)筋部位走到左(右)大腿、左(右)膝蓋、左(右)小腿、左(右)腳底等。之後，再接著想像氣流沿著原路返回，直到把氣體完全排出體外。這樣，反覆進行練習，交替想像氣流的一出一進。每次練習五至十分鐘即可。

在做重要的決定或從事對人生有重要意義的活動時，不妨嘗試一下呼吸調節法，或許能穩定緊張波動的情緒，並因此而改變不恰當的決策。

10 調節表情，改變內心

篇頭導讀：人在發生情緒波動時總伴隨一定的肌肉緊張，如果這些肌肉緊張得到放鬆，就能減輕或改變人的情緒狀態，隨之消除緊張、恐懼和不安全感。

表情是情緒的外部表現。古語說「情動於中而形於言」，情緒的產生伴隨著一系列生理過程的變化，由此而引起臉部、姿態等外部表情。愉快順利時笑容滿面、興高采烈、手舞足蹈；憤怒時咬牙切齒、橫眉瞪眼、緊握雙拳；發愁時愁眉緊鎖、無精打采；沮喪時垂頭喪氣、肌肉鬆弛。

既然情緒與外部表情這樣密切相關，我們便可以透過改變外部表情的方法來改變情緒狀態。比如，我們在感到緊張焦慮時，可以有意識的放鬆面部肌肉，表情自然，或者用手輕搓面部；我們在心情沉重時，可以有意識的做出笑臉，強迫自己微笑，或者想一想自己過去高興的事。

我們所說的表情調節法就是透過有意識的調節自己的外部表情來調節內心的情緒體驗。表情調節法的具體策略有以下幾種：

1　向自己微笑

向自己微笑是一種既簡單又有效的表情調節方法。微笑帶給人健康，它使情緒緊張的人變得平靜鎮定；使沒有胃口的人食欲大增；使失眠的人安然入睡；使人延緩衰老，精力充沛；使人增強免疫力，減輕疼痛感。正所謂，「一笑解千愁」。

你可以先拿一面鏡子，然後對著鏡子，向自己微笑，看看會有什麼樣的結果。實驗證明，裝成快樂的樣子常常會「弄假成真」。最初你也可能會覺那是假裝的，但只要多練習，假裝的感覺自然會逐漸消失。你不能只坐在那裡，等待快樂的感覺出現。相反，你應該站起來，模仿快樂的人的動作和言談。即使假裝的快樂不能在短時間內把一個鬱悶、內向的人變成一個開心、外向的人，但向自己微笑卻是邁向快樂心情的第一步。

2 故意大聲說話

在現實生活中，總有這樣一些人：常常表現得膽小怕事，一見人就臉紅，就是在極普通的公共場所，也常常緊張的語無倫次。一般來說，女性朋友比較容易害羞，但仍有許多男性朋友，他們一見人就臉紅，一開口就緊張。這些人的緊張根源，主要有這樣兩個原因——缺乏自信和缺少鍛鍊的機會。

高天大學畢業後考上了公務員，家人為他得到來之不易的工作而欣喜，還在四處找工作的同學們也為他能有如此豐厚待遇而且穩定的工作，投來羨慕的眼神，但這卻苦煞了高天本人。原來高天很怕別人注視自己，害怕與別人的眼睛對視，長期迴避與人交往。在辦公室，一個四方辦公桌對面坐著另一個同事，一抬頭很自然就與對方打照面，同辦公室裡好幾個同事，整日抬頭不見低頭見。上班數月，高天因無法適應和忍受痛苦而辭職。

對於這樣的人，如何調整他的表情、讓他變得更加自信呢？故意大聲說話是一個不錯的方法。在說話時，聲音要大並且有條理、有見地，這樣會吸引人們更多的注意力。

害羞的人在社交場合中講話總是模糊不清，並且把聲音壓得很低。提高聲調不僅可以使更多的人聽到你的談話，還會使你覺得自己有一種自我實現感，會增強繼續講下去的信心和勇氣。

11 適時靜坐，平衡情緒

篇頭導讀：靜坐是解除壓力、緩解情緒的靈丹妙藥。

早在戰國時期，莊子就主張要屏棄私欲，在靜中養生。後來，明代學者王陽明繼承發揚了這一學說，創建了靜坐術。郭沫若年輕時在東京第一高等學校讀書，由於讀書廢寢忘食，不到一年就得了嚴重的神經衰弱症，他痛苦得幾乎想自殺。有一次，他偶然發現了靜坐這一「藥方」，便試了試，果然靈驗。後來，他養成了靜坐的習慣，終身受益。

靜坐療法為什麼神奇的功效呢？這是因為，靜坐能讓心跳減慢，驅除負面能量，讓身心感覺平靜而安詳。

養成每天靜坐的習慣對身心靈健康非常有益處。長久以來，人們都知道保持冷靜的重要性，想想在說話或動怒之前，先讓自己冷靜幾秒，可能就可以避免許多失禮或令人感到尷尬的場面。不僅如此，當面對壓力高漲、憂慮、憤怒、恐懼等不愉快的情緒出現時，透過靜坐，可幫助緩和緊張、控制情緒、掌控怒氣、瞬間消除腦中的混亂與障礙。在靜坐時，體內能量會由下往上在每個脈輪（指分布在人體中的七個能量中樞，分別為頭頂、眉間、喉頭、胸口中央、肚臍附近、下腹部和尾骨）流動，讓全身脈輪對應的部位器官、脈輪能量恢復正常、重現活躍的生命力。

專家們發現，處於靜坐中的人，大腦皮質處於保護性抑制狀態；同時，皮質功能同步增強、皮質與皮質下神經功能協調統一，使整個有機體的指揮系統——大腦的活動穩定而有節律。這種生理上變化的結果使人的精力旺盛，思維的敏捷性、清晰度大大提高，從而有助於提高記憶力、學習能力和工作效率。

靜坐療法的要旨是「靜」，每天兩次，每次二十到三十分鐘。具體方法是：

靜坐的方式

1 靜坐須有合適的座椅，座位的高度與靜坐者的小腿同高，大腿要平，小腿要直。

2 端坐自然，頭頸正直，下顎微收，腹部微收，胸部微含，背部挺直（但不可用力），兩肩下垂，兩手分別放置膝蓋部，兩腳距離與肩齊，平放地上。

3 兩眼微閉，目視鼻尖，口唇輕合，舌尖頂上顎（舌尖頂在兩個門齒之間的後面牙齦處），以安坐舒適為度，切記要不僵硬不鬆懈。

4 呼吸採用自然呼吸法，呼吸用鼻；然後逐漸入靜，使人由興奮的思維活躍狀態轉為平靜並逐步達到進入一種似醉非醉、若有似無的潛意識狀態。

靜坐前準備

1 靜坐前如有必要，可預先解大小便。

2 寬衣鬆帶，解領扣，鬆腰帶。

3 靜坐前，一定要穩定好情緒，排除一切雜念。

4 盡可能選擇空氣新鮮，環境比較安靜的地方，室內室外均可。

5 在靜坐當中如驟然發生巨響，切記不要緊張，儘量保持若無其事的態度。

12 享受食物，迎接快樂

篇頭導讀：當心情不好的時候，吃是一種安慰。吃東西不僅能夠解除饑餓感、補充營養，還能對人的情緒產生一定的影響。

食物能影響我們的心情。這是因為，我們大腦中的神經傳導物質將各種資訊傳遞到身體的各個部位，目前已經確認的這種傳導物質有一百種以上。其中，影響情緒的有腎上腺素、多巴胺、血清素和內啡呔。腎上腺素、內啡呔是傳遞「幸福」的化學元素；多巴胺也有改善情緒的作用；血清素影響人的滿足感，如果血清素含量不足，人就會感到疲倦、情緒低落。

如果你沒有理由的感受不到幸福和滿足，食物的確能夠幫上忙。因為食物能夠提高這些支配愉悅感的神經傳導物質的濃度。實驗證明，高蛋白可以在人腦裡製造腎上腺素和多巴胺，高碳水化合物加低蛋白能產生血清素。

德國的科學家觀察到，人的喜怒哀樂與飲食有著密切的關係。有的食物能夠使人快樂、安定，有的食物則可使人焦慮、憤怒、悲傷、不滿、恐懼、狂躁。

當你無法擺脫負面情緒的時候，下面向你推薦一些可以緩解低落情緒的最佳食品：

1　愛焦慮的人

當我們感覺焦慮時，我們可以攝取烤馬鈴薯、全麥麵包或低糖全穀類等富含碳水化合物的食物，這些食物可以幫助我們穩定焦慮的情緒。

食物中所含的必需脂肪酸（如Ω-3脂肪酸）有助於緩解焦慮和沮喪情緒，讓人迅速快樂起來。鮭魚、亞麻籽油、堅果和雞蛋都含有大量的此類「快樂因子」。

口感好、水分足的葡萄柚含有高量的維他命C，不僅可以增強身體的抵抗力，而且也是為我們的身體製造多巴胺、正腎上腺素這些愉悅因子的重要成分。

假如大腦處於緊張的活動中，大腦前部的感受神經可能反映出對缺水狀態的關注。作為身體的主人，我們如果因失職使大腦缺水，大腦就會透過焦慮感來表達對水的需要。因此，不管你有多忙，每天至少保證八杯水！

此外，低脂牛奶、燕麥、大蒜等也都是易焦慮者最好的選擇。

2 愛生氣的人

中醫裡講，容易生氣發怒稱為「善怒」，主要與肝有關，主要表現為肝鬱氣滯、肝火上炎、脾虛肝乘等三種症候。

肝鬱氣滯：如果你在生氣後總是頻頻嘆氣、感覺胸脅脹痛或串痛，這很可能是肝鬱氣滯的表現。這時你可以多吃一些具有疏肝理氣作用的食物，如芹菜、茼蒿、番茄、蘿蔔、柳丁、柚子、柑橘、佛手等。

肝火上炎：如果你在發火後出現睡眠多夢、目紅腫痛、口苦口渴等問題，可能是肝火上炎的表現。此時，你除了戒菸限酒、忌食甘肥辛辣的食品外，還要適量多吃清肝瀉熱的食物，如苦瓜、苦菜、番茄、綠豆、白菜、芹菜、包心菜、金針菜、油菜、絲瓜、青梅、山楂及柑橘等食物。

脾虛肝乘：如果你在發火後感覺渾身無力、不愛吃東西、吃了感覺腹脹，並伴有兩脅脹痛、大便稀溏等情況，多屬脾虛肝乘。你可在飲食上多吃一些有健脾益氣功效的食物，如扁豆、薏米、蕎麥、栗子、蓮子、山藥、芡實、紅棗、高麗菜、胡蘿蔔、南瓜等食物。

3　愛猜疑的人

一般來說，主要是體內卡路里攝取量過低，魚肉類的蛋白質不足導致貧血，體力不足，從而造成緊張、不安、對人不信任。這時可以適當多吃一些高蛋白的食物，如牛肉、豬肉、牛奶等，這些食物有助於補充人體缺失的血液，恢復體力，提高行動力。

4　愛抑鬱的人

愛抑鬱的人可以選擇含鋅的食物，如動物肝臟、花生、魚、蛋、奶、肉及水果等食物，因為缺鋅的人容易抑鬱、情緒不穩定。

含硒的食物同樣可以治療精神抑鬱問題。心理學家們發現人在吃過含有硒的食物後，普遍感覺精神好，思維更為協調。含硒豐富的食物有乾果、雞肉、海鮮、穀類等。

對於那些經常唉聲嘆氣的人可多選擇富含鎂的食物，如紫菜、蕎麥、小米、黃豆、花生、核桃等。因為鎂能啟動人體內多種酶，抑制神經興奮，平衡人的焦躁情緒，使人變得心情愉快。

此外，平時還要多吃魚肉、菠菜、香蕉等食物，它們都能幫助人趕走抑鬱情緒。

當然，凡事過猶不及，吃東西也一樣，我們只要掌握好了這個度，就會趕走壞情緒，迎來好情緒。

第五章　戰勝憤怒，重塑自我

12　享受食物，迎接快樂

第五章　戰勝憤怒，重塑自我

憤怒需要管理，是因為生活並不總是盡如人意，總會有些讓人挫敗甚至想要爆發的瞬間。但每個人都不想讓憤怒「開鍋」。憤怒是與生俱來的一種強烈情緒，它能宣洩內在的積鬱，能引發實踐的行動，也可以成為毀滅性的力量。了解它，控制得好，就會擁有成功的人生；不了解它，任憑憤怒的情緒擺布，就會陷入悲情和困境之中。

1　憤怒之根，源於自身

篇頭導讀：憤怒是對遭遇傷害、挫折、威脅和損失的自然情感反應。你若能恰如其分的表達憤怒的情感，那往往會成為一種激勵自己的動力，幫助你前進並改變你的生活。

我們生活的這個時代，的確是個「容易衝動的時代」。上班時間快到了而公車卻因交通堵塞停滯不前時，你是否會煩躁不安？工作時電腦突然出現故障導致你的資料全部丟失時，你是否會鬱悶不已？此外，同事間的摩擦、鄰里之間的糾紛、被人冤枉、在公共場所被羞辱、家庭不和、夫妻吵架、子女不聽話等等，都可使人生氣、惱怒，甚至暴跳如雷。在這種情況下，憤怒的情緒就常常自然而然的發生了。

可以說，憤怒是你在嬰兒時代所體會到的第一種情感，也許是你學會有效處理一切問題的最終情感。憤怒是因挫折、威脅和傷害而爆發出來的一種很自然的情感，同時對於生存來說，它也是一種積極的和具有建設性的情感。

憤怒在一定條件下能夠激發起人的責任感，提高創造性能力。憤怒可使人發圖強，史學家司馬遷在憤怒的情緒下寫出了名垂千古的《史記》。我們說「憤怒出詩人」，即在憤怒情緒下的人通常感情飽滿、文思泉湧，所以能振筆疾書。當然，前提是我們用正確的方法引導了「怒火」，而沒有去傷害別人。

在現實生活中，是什麼使你感到憤怒呢？

1　刺激。很小的一件事情可能就是導致天平失去平衡的原因。
2　身體上的緊張。你的身體處於一種緊張的狀態當中，你隨時準備要爆發。
3　太多的需求。正是由於有太多的事情要做，你可能感到緊張，感到有壓力。
4　缺乏靈活性。你的思想太呆板。你經常會說「必須」、「應當」、「應該」之類的話。
5　對挫折的容忍能力差。非常小的事情都可能使你感到困擾。
6　悲觀主義。你傾向於看到事物消極的一面。一旦事情朝不利的方面發展，你常常會說「糟透了」和「真可怕」。
7　抑制自己的憤怒。你發現很難把自己的想法表達出來，而讓不滿的情緒在自己內心蔓延。

當然，過度的憤怒容易壞事，還容易傷身。人在強烈憤怒時，惡劣情緒會致使內分泌發生強烈變化，這些大量的荷爾蒙會對人體造成極大的危害。培根說：「憤怒，就像地雷，碰到任何東西都一同毀滅。」如果你不注意培養自己忍耐、心平氣和的性情，一旦碰到「導火線」就暴跳如雷，情緒失控，就會把好事情全都炸掉。

控制暴怒的最有效的方式就是不讓它出現——在你進入那種難以控制的情感狀態之前就採取行動。

有一個政黨的領袖，正在指導一位準備參加參議員競選的候選人如何獲得多數人的選票。這位領袖和那個人約定：「如果你違反我教你的規則，你得罰款十元。」

第五章　戰勝憤怒，重塑自我

1　憤怒之根，源於自身

「行，沒問題，什麼時候開始？」

「就現在，馬上就開始。」

「好，我教給你的第一條規則是：無論人家怎樣損你、罵你、指責你、批評你，你都不許發怒，無論人家說你什麼壞話，你都得忍受。」

「這個容易，人家批評我，說我壞話，正好為我敲個警鐘，我不會記在心上。」

「好的，我希望你記住這個戒條，這是我教給你規則當中的最重要的一條。不過，像你這種呆頭呆腦的人，不知道什麼時候才能記住。」

「什麼！你居然說我……」那候選人氣急敗壞道。

「拿來，十塊錢！」

「呀，我剛才破壞了你的戒條了嗎？」

「當然，這條規則最重要，其餘的規則也差不多。」

「你這個騙——」

「對不起，又是十塊錢。」領袖攤手道。

「這二十塊錢也太容易了。」

「就是啊，你趕快拿出來，你自己答應的，你如果不給我，我就讓你臭名遠揚。」

「你這隻狡猾的狐狸！」

「十塊錢，對不起，拿來。」

「呀，又是一次，好了我以後不再發脾氣了！」

「算了吧，我並不是真要你的錢，你出身貧寒，你父親的聲譽也壞透了！」

「你這個討厭的惡棍。」

「看到了吧，又是十塊錢，這回可不讓你抵賴了。」

這一次，那候選人心服口服了，那位領袖鄭重的對他說：「現在你總該知道了吧，克制自己的憤怒並不容易，你要隨時留心，時時在意，十塊錢倒是小事，要是你每發一次脾氣就丟掉一張選票，那損失可就大了。」那個候選人心服口服的點了點頭。

雖然我們也知道，在生活中應該像那個候選人一樣要學會控制自己的憤怒，只有這樣才能取得成功，但畢竟我們是人而不是神，有些事情不是那麼輕易就能控制的。因此，有一件很重要的事情就是，在你意識到自己開始生氣的時候就馬上採取以下措施：

1 意識控制。當憤怒不已的情緒即將爆發時，要用意識控制自己，提醒自己應當保持理性，還可進行自我暗示：「別發火，發火會傷身體」，有涵養的人通常能做到自我控制。

2 承認自我。勇於承認自己愛發脾氣，以求得他人幫助。如果周圍人經常提醒、監督你那麼你的目標一定會達到。

3 反應得體。當遇不平之事時，任何正常人都會怒火中燒，但是無論遇到什麼事，都應該心平氣和，冷靜的、不抱成見的讓對方明白他的言行之錯，而不應該迅速的做出不恰當的回擊。從而剝奪了對方承認錯誤的機會。

4　推己及人。凡事要將心比心，就事論事，如果任何事情，你都能站在對方的角度來看問題，那麼，很多時候，你會覺得沒有理由遷怒於他人，自己的氣自然也就消失了。

5　寬容大度。對人不斤斤計較，不要打擊報復，當你學會寬容時，愛發脾氣的毛病也就自行消失了。

2 處理摩擦，自有妙方

篇頭導讀：讓步是一種智慧，是一種胸懷，是一種寬容，是一種高尚，是一種修養。

工作場合中，同事之間難免會有摩擦，如果處理不當，就會造成嚴重的衝突，惡化彼此的關係。絕大多數發脾氣、鬥氣者的結局都是魚死網破。因此，許多人這樣評價常發脾氣者：「脾氣來了，福氣走了。」這話的確給人深刻的啟迪。

有一位義大利籍的名廚，此人非常情緒化，高興起來可以又親又抱。左一句甜心，右一句蜜糖，讓人聽了心裡暖洋洋的。但是千萬別惹他發火，一旦發怒，三十秒內，他可以將英文的髒話全部罵過，意猶未盡，再加上很多義大利文的髒話，翻臉比翻書還快，搞得大家都對他畏懼三分。

他的脾氣就像一匹野馬，完全無法控制，廚房的員工因受不了他的脾氣，流動率極高，外場經理也因為難以和此主廚配合，換了又換。但是飯店的主管覺得他確實才氣逼人，他做的菜客人吃過之後都讚不絕口，還會利用很普通的材料做出很多有新意的菜肴來，而且聰敏、肯拼、肯做。基於這些原因，主管還是睜一隻眼閉一隻眼，隨他去了。

有一天，一位新來的服務生觸怒了主廚，主廚訓斥他的時候，服務生居然也和他對罵起來了，廚房裡頓時變得一團糟。更讓人瞠目結舌的是，主廚居然拿出切肉的刀子要跟服務生拼命。這下，事態嚴重了。主管只好開除了他。

一個優秀的大廚因為愛發火而丟了飯碗，這應該是他絕對沒有想到的。同樣，在現實生活中，作為一名上班族，你應該時刻提醒自己的是：沒有人有責任或者義務來忍耐你，遷就你！

隨著企業規模的日益龐大，企業內部分工越來越細，任何人，不管他有多麼優秀，想僅僅靠個體的力量來左右整個企業都是不可能的，沒有人可以超然的出世而不與別人合作。大廚不克制自己的情緒隨便亂發脾氣，只會讓周圍的人對他敬而遠之，無法真正的與他溝通，也就無法做到和諧的配合他。當公司裡所有的人都與他配合不好，這當然就是大廚個人的原因，被公司開除自然也是情理之中的事情了。

我們在工作中不可避免會和同事、上司甚至是老闆有意見不合的情況出現。作為一名員工，我們當然希望自己是開開心心的工作，不喜歡整天鬥來鬥去，想要一個和諧的工作環境，這就要求我們去處理好工作中的人際關係。

怎麼辦呢？在和同事發生衝突摩擦時，當我們感到生氣、焦躁或是不安的時候，不要急著往前衝，請後退兩步吧。後退兩步，並不表示我們停滯不前，甘於懦弱，它可以讓我們的視野更開闊，讓我們把情況分析得更透徹，從而做出正確的判斷。而且，因為你後退兩步，許多的矛盾，便會一下子化解得無影無蹤，從而讓你擁有海闊天空的心境。

對於與同事間的摩擦，如果處理得當，能把激動的爭執轉變為冷靜的溝通，有助於徹底解決問題。你可以參考以下處理方法：

1　當同事憤怒時，不要以憤怒的態度回報，但要堅持你的意見，表明你希望先冷靜下來再討論的意願。

2　詢問他生氣的原因，但不要長篇大論。

3　如果他後悔自己一時失態，立即保證你毫不介意。

4　給他一些恢復平靜的時間，不要施加壓力。

5　問他發火的原因，若他拒絕回答，也不必強求。若他說出不滿，只要傾聽，表示同情即可，不要妄下斷語或提供解決方法。

6　當同事冷漠不合作時不作判斷。你可問他：「怎麼了？」如果他不理會，不妨以友善態度表示你想協助他。

7　如果他因家庭、感情或疾病等私人因素，影響到工作情緒時，建議他找人談談，或請兩天假。

在我們工作和生活中，常常要向主管讓步，向同事讓步，向下屬讓步，向父母讓步，向孩子讓步，向妻子讓步，向對手讓步……你做出了讓步，並不代表你就是失敗者；相反，你卻從你的讓步中贏得了關係的密切、感情的融洽。這比爭一時之氣、逞一時之能來得更有效。

3 耳不聽聞，心自不煩

篇頭導讀：在憤怒面前，迴避有時也是一種策略。

生活中，憤怒無處不在：夫妻間吵架拌嘴，員工對老闆的抱怨指責，孩子頂撞父母或者父母責罵孩子，甚至，下班路上的擁堵也能讓我們坐在車裡一邊狂按喇叭一邊破口大罵……

從小到大我們被一再告知發怒是不好的，那些直接或者間接的生活經驗也讓我們知道，發火的「破壞力」有多大——失去朋友、得罪親人或者丟掉飯碗。可問題是，人人都會生氣啊！每當「怒從心頭起」的時候，到底要不要表達出來？又該如何表達？

也許我們不能改變別人，也不能一下子就改變自己的處事方式。但是可以學習一下如何在心理上進行自我保護。

當人陷入要發火的境地時，最先也是最容易採取的克制策略是迴避法：躲開，不接觸導致心理困境的外部刺激。在心理困境中，人大腦裡往往形成一個較強的興奮中樞，迴避了相應的外部刺激，可以設法使這個興奮中樞讓給其他刺激，興奮中樞轉移了，也就擺脫了心理困境。「耳不聽心不煩」說的正是這一道理。

因此，在體驗到某一心理困境時，就該主動迴避，不在導致心理困境的時空中久久駐足。比如，早晨父母不停的嘮叨，導致你「勃然大怒」或「鬱悶不樂」，就趕快上班，離開「是非之地」，這也算是客觀迴避法。

我們還可以採取主觀迴避法，即透過主觀努力來強化人本能的潛抑機制，故意不聽不理睬消極悲觀的資訊，在主觀上實現注意中心的轉移。注意力轉移是最簡單易行的一種主觀迴避法。

露絲原來是美國最高法院的一名法官，她選擇男友有自己的標準：「他是我所有交往過的唯一在乎我智慧的男人。」

他們結婚的那天早上，露絲在樓上做最後的準備。這時，男友的母親走過來，把一樣東西放到露絲手裡，然後看著露絲，用從未有過的認真對露絲說：「我現在要給你一個你今後一定用得著的忠告。那就是你必須記住，每一段美好的婚姻裡，都有些話語值得充耳不聞。」

男友的母親在露絲的手心裡放下一對軟膠質耳塞。當時，露絲並沒有明白老人的意思，但沒過多久，她與丈夫第一次發生爭執時便一下明白了老人的苦心。

露絲這樣說：「她的用意很簡單，她是用她一生的經歷與經驗告訴我，人在生氣或衝動的時候，難免會說出一些未經考慮的話。而此時，最佳的應對之道就是充耳不聞，權當沒有聽到，而不要同樣憤然回嘴反擊。」

但對露絲而言，這句話產生的影響絕非僅限於婚姻。作為妻子，在家裡她用這個方法化解丈夫尖銳的指責，修護自己的愛情生活。作為職業人士，在公司她用這個方法淡化同事過激的抱怨，優化自己的工作環境。她告誡自己，憤怒、怨憎、忌妒與自虐都是無意義的。每一個人都有可能在某個時候會說一些傷人或消極的話，此時，最佳的應對之道就是暫時關閉自己的耳朵，做到「耳不聽心不煩」。

在現實生活中，我們面對讓自己不如意的話，千萬別豎起耳朵，瞪大眼珠子跟人吵個沒完沒了，最後誰的結果都不會太好。你氣得頭昏腦漲，損害了自己的身心健康不說，與對方的隔閡也會越來越大。「裝聾作啞」不僅平息了家庭糾紛，化干戈為玉帛，而且能調節家庭的小氣候，增添生活樂趣。

4 看待問題，轉換視角

篇頭導讀：當一個人的觀念改變時，他的態度、情緒和行動也有了積極的改變。生活中總有很多人抗打擊能力比較低，導致想法不正確，要不固執己見，缺乏彈性思考；要不阻抗新觀念，看不清事件的本質。事實上，在陷入困境時，唯有改變想法，轉變觀念，才能突破思考的盲點，看到新希望。

有這樣一篇文章，講的是唐代著名禪師慧宗大師的故事：

慧宗禪師常為弘法講經而雲遊各地。有一回，他臨行前吩咐弟子看護好寺院的數十盆蘭花。弟子們深知禪師酷愛蘭花，因此侍弄蘭花非常殷勤。但一天深夜狂風大作、暴雨如注，偏偏弟子們由於一時疏忽，當晚將蘭花遺忘在了戶外。第二天清晨，弟子們望著眼前傾倒的花架、破碎的花盆和憔悴不堪的蘭花，後悔不迭。

幾天後，慧宗禪師返回寺院，眾弟子忐忑不安的上前迎候，準備領受責罰。得知原委，慧宗禪師泰然自若，神態平靜而祥和，他寬慰弟子們說：「當初，我不是為了生氣而種蘭花的。」

在場的弟子們聽後，如醍醐灌頂，大徹大悟，對師傅更加尊敬佩服了。

「我不是為了生氣而種蘭花的。」這看似平淡的一句話，卻透著精深的佛門玄機，蘊含著人生的大智慧。依此，我們可以說：我們不是為了生氣而讀書的；我們不是為了生氣而工作的；我們不是為了生氣而與人交往的；我們又何嘗是為了生氣而生活的……

人對於事情的著眼點不同，看法也就大相徑庭，從而情緒也會很不相同。有人習慣於往小處看，目光如豆，免不了鑽牛角尖；而有的人習慣於大處著眼，所以格局大、心胸寬。有的人過度保守、信心不足，消極和悲觀的情緒就流露了出來；而有的人著眼亮麗的未來，以至於目標遠、信心高、積極性強，凡事比較樂觀。

其實，面對那些倒楣的事，我們只要轉變一想法，換個角度看問題，你的情緒就會變好了。

來看看艾倫一天的遭遇：

清晨，天下著小雨。艾倫最討厭下雨了，剛上了油的皮鞋會沾水，褲管也會帶上泥；穿西裝褲吧，剛買的名牌，捨不得在雨中穿；穿休閒褲吧，白色的很快就變髒。像這種毛毛雨又懶得打傘，坐計程車都要排隊。接女朋友也不方便，要是晚去一會兒，塞麗娜就會嘟著嘴巴氣跑了，然後幾天不理他。艾倫躲在被窩裡煩躁了一會兒，一看錶，快遲到了，艾倫一陣心慌。

上班途中，公車站牌下雨傘林立，傘下一張張臉翹首以待。艾倫看看自己的名牌西服，決定坐計程車。好不容易一輛空車過來，立刻有人蜂擁而上，根本就擠不上去。如是三番，艾倫還沒坐上，心裡只恨自己沒有車。終於等到機會，找到一輛車，但上車剛一落座，一股涼意沁入屁股，扭身一看：「天哪，你這車上怎麼有水啊！」

司機回頭說：「下雨天能不有水嗎？」

「那也不能有這麼多啊！」

「噢，可能是剛才的乘客把傘放在車座上了吧。」

艾倫憋了一肚子火，沒好氣的說：「早知道還不如坐公車，白白糟蹋了我的新西裝褲。」

「要怪只能怪這鬼天氣。」

「坐你的車就怪你！」艾倫拿紙巾去擦屁股上的水，濕漉漉的紙巾立刻粉身碎骨，艾倫甩著手，碎紙屑卻黏著手不掉。他嘴裡嘟囔著：「真倒楣！」

司機回他說：「別人放在車座上，我哪看得見！」……

就這樣，艾倫和司機吵了一路，窩了一肚子火，車一到站趕緊付錢下車。走到辦公室才發現，司機竟沒找錢！坐了一屁股水，還多花十塊錢。艾倫氣得不行！

辦公室，剛進辦公室，同事就通知艾倫，策劃方案沒通過，退回修改。那份策劃可是艾倫熬夜後的心血，全企劃室，也只有艾倫能拿得出這種像樣的方案來，再修改，說得輕巧！堅決不改！艾倫心裡又委屈又氣憤，決定擺到一邊等經理來找他。可是等了一天，經理也沒來。

下班，雨依然淅淅瀝瀝，天依然陰著，艾倫依然打不起精神來。突然間，他想起下午忘了給塞麗娜打電話，他們約好了下午打電話決定晚上到哪裡吃飯的。一看錶，糟了，六點了，艾倫趕快打電話過去，但辦公室沒人聽，推測塞麗娜早下班了。打她手機，半天才接，手機裡傳來塞麗娜尖厲的聲音：「你怎麼回事啊！現在才睡醒嗎？我已經跟別人約了！」啪的一聲，塞麗娜就掛了電話。都怪這鬼天氣！艾倫半天沒回過神來。

也許任誰遇到這些倒楣事，心情也不會太好，但是我們要想到這些壞情緒一旦得不到立刻解決，很容易植入你的內心，可能會影響你幾天的心情。

怎麼辦好呢？我們可以換個角度來看待這些問題。

早晨，誰說陰雨天會帶來壞心情？艾倫已經有了一個慣性思維：一下雨就會有壞心情。這樣下去，心情能好得起來麼？這種行為在心理學上叫「自我暗示」。艾倫不斷的暗示自己，只要下雨，自己就會倒楣。好像失眠的人總說自己會失眠一樣，所以總是失眠。艾倫可以去做一個調查：還有很多人特別喜歡下雨呢！下雨，可以聽著雨打玻璃的聲音安然入睡；下雨可以濾掉馬路上的灰塵、噪音，讓空氣清新起來；下雨，可以給女朋友送傘討好她，還可以和她共撐一把傘，在雨中漫步，然後趁機摟住她的肩……所以，換個角度看問題，陰雨天也會有晴朗的心情。

上班途中，不就是坐了一屁股水嗎，慶幸的是沒坐一個菸頭、一攤油。要有同事問你屁股上是什麼東西，你正好幽他一默：「我返老還童了。」倘若是女同事，能博紅顏一笑，不亦樂乎？

辦公室，別人都做不出來的策劃案，唯獨你能做出來，這不正好證明你比別人強？重要的方案不可能一次通過，退回來修改很正常，再說又不是讓你重新做一份。積極的做法是，站起來，主動去敲經理的門，問問清楚，究竟是哪些地方欠缺，怎樣修改。主動和上司溝通，會讓你心情舒暢、信心十足。

下班，整個一天的壞情緒已經一一被化解了，那就不會和忘記女朋友的約會；即使忘記了也不要緊，打一個電話過去，瀟灑的告訴她：「我馬上過去買單！」不把她樂死才怪！

對我們來說，轉換個角度看問題，生活永遠是美好的，生活賦予我們的都是好東西。

5 遇到問題，學會容忍

篇頭導讀：面對憤怒學會容忍，俗話說：「忍一時，風平浪靜；退一步，海闊天空。」而忍是理智的抉擇，是成熟的表現。

生活中，到處都充滿了忙碌和重複的事情，面對無變化的生存和工作環境，人難免煩躁，脾氣也就隨著變壞。然而，一次兩次的爆發後，如果你還不加以克制，那麼演變下來，就會養成暴躁的習慣。我們並非生活在真空，因而人生總會有壓力，如果遇到不如意的事情就如爆竹一樣炸裂，那麼受傷的恐怕就不僅僅是身體，還有事業、家庭甚至是整個生活。

有一位年輕的媽媽，她根本不能控制自己的脾氣。每當孩子淘氣時，她總是大發脾氣。可是，她越是發脾氣，孩子們就越淘氣。她當媽媽，帶孩子，就如同帶兵打仗一樣，每天重複著大聲叫罵，一天天下來，她累得筋疲力盡。

然而，孩子們知道一淘氣媽媽就會罵、會懲罰自己，但只要媽媽還在罵，他們就繼續著各種惡作劇。要知道憤怒根本不能使別人改變，只能使別人知道該怎樣控制動怒的人。孩子們這樣告訴別人他們為什麼要淘氣。

「不管我們做什麼，哪怕說一句不好的話，做一點點錯事，就可以讓媽媽氣得發昏。會被關在屋裡一會兒，但無所謂，因為過一會兒我們就又自由了，而且又要挨罵了，罵過之後就好了。我們以這麼低的代價就在情緒上完全控制了她！既然我們對媽媽只能施加這麼一點很小的影響，我們應多逗逗她，看看她會氣成什麼樣。」

我們暫且不管媽媽與孩子誰是誰非，但我們可以看出，在生活中，不管對什麼人暴怒，對方仍然會自行其是，而脾氣暴躁的人只能獨自忍受暴躁給自己帶來的傷害。

這時我們該怎麼辦呢？古人說得好：「將憤忍過片時，心便清涼。」也許你開始覺得自己肺都氣炸了無法忍，可是忍過後才覺得沒什麼了不起的大事，忍一下對自己正好是個磨練。生氣發火，往往只是一怒之下，忍無可忍。這是因為人遇到憤怒的事情時，心情比較煩躁，只覺得頭腦一熱，就什麼都不顧了。如果這時候你能有意識的讓自己冷靜下來，仔細權衡利弊，沉住氣，那結果就不一樣了。

有一次，在公共汽車上一個男人往地上吐了一口痰，被車掌看到了，對他說：「先生，為了保持車內的清潔衛生，請不要隨地吐痰。」沒想到那男人聽後不僅沒有道歉，反而破口大罵，說出一些不堪入耳的髒話，然後又狠狠的向地上連吐三口痰。那位車掌是個年輕的女孩，此時氣得面色漲紅，眼淚在眼圈裡直轉。車上的乘客議論紛紛，有為車掌抱不平的，有幫著那個男人起鬨的，也有擠過來看熱鬧的。大家都關心事態如何發展，有人悄悄說快告訴司機把車開到警察局去，免得一會兒在車上打起來。

沒想到那位車掌定了定神，平靜的看了看那位男性，對大家說：「沒什麼事，請大家回座位坐好，以免摔倒。」一面說，一面從口袋裡拿出面紙，彎腰將地上的痰跡擦掉，丟到了垃圾桶裡，然後若無其事的繼續賣票。看到這個舉動，大家愣住了。車上鴉雀無聲，那位男人的舌頭突然短了半截，臉上也不自然起來，車到站沒有停穩，就急忙跳下車，剛走了兩步，又跑了回來，對車掌喊了一聲：「大姐！我服了你了。」車上的人都笑了，七嘴八舌的誇獎這位車掌不簡單，真能忍，雖然罵不還口，卻將那個小子制服了。

這位女車掌的確很有水準。她面對辱罵，如果忍不住與那位男人爭辯，只能擴大事態；與之對罵，又損害了自己的形象；默不作聲；又顯得太沉悶了。她請大家回座位坐好，既對大家表示了關心，又淡化了眼前這件事，緩解了緊張的空氣；她彎腰若無其事的將痰跡擦掉，此時無聲勝有聲，比任何語言表達的道理都有說服力，不僅感動了那位男人，也教育了大家。

可以說，容忍不僅是對他人的奉獻，還是自己擺脫煩惱的「良藥」。人生在世，誰都有被讒言所謗，被暗箭所傷的時候，遇到令人厭煩的人和事時要學會克制自己。放眼芸芸眾生，有人為了一件無關痛癢的小事，為了一己私利，就不依不饒，大動干戈；也有人對別人無意造成的小小傷害斤斤計較，以牙還牙，甚至親兄弟之間翻臉不認人。這些鬧劇的結局常常是兩敗俱傷，誰也得不到好處，又何苦呢？彌勒佛「大肚能容天下難容之事」，其實，人人都能做「大肚」之人，只要能掙脫「小我」的羈絆，就能走出「自私」的陰影。

學會寬容、懂得忍讓，人就會進入鳥語花香的新天地，就會覺得天是那麼高遠，地是那麼廣袤，一切都那麼可愛。時時寬容，常常忍讓，人才會達到精神上的制高點而「一覽眾山小」，才會寵辱不驚，心境安寧。

6　寬恕他人，幸福自己

篇頭導讀：當你被怨恨、痛苦、懊惱等情緒困擾的時候，想想寬恕，它的確能使你獲得積極的力量。

當我們受到不公平的待遇和很深的心靈創傷之後，我們自然對傷害者產生了怨恨情緒。一位婦女希望她的前夫和新妻子相處不久又鬧離婚；一位男子希望那位出賣了他的朋友被解雇。怨恨是一種被動的和侵襲性的東西，它像一個不斷長大的腫瘤，使我們失卻歡笑，損害我們的健康。怨恨，更多的危害了怨恨者自己，而不是被仇恨的人。因此，為了我們自己，必須切除這個「腫瘤」。

有一個週五的早晨，摩斯的禮品店依舊開業很早。摩斯靜靜的坐在櫃檯後面，欣賞著禮品店裡各式各樣的禮品和鮮花。

忽然，禮品店的門被推開了，走進來一位年輕人。他的臉色顯得很陰沉，眼睛瀏覽著禮品店裡的禮品和鮮花，最終將視線固定在一個精緻的水晶烏龜上面。「先生，請問您想買這件禮品嗎？」摩斯親切的問。可是，年輕人的眼光依舊很冰冷。「這件禮品多少錢？」年輕人問了一句。「五十元。」摩斯回答道。年輕人聽摩斯說完後，伸手掏出五十元丟甩在櫥窗上。

摩斯很奇怪，自從禮品店開業以來，她還從沒遇到這樣豪爽、慷慨的買主呢。「先生，您想將這個禮品送給誰呢？」摩斯試探的問了一句。「送給我的新娘，我們明天就要結婚了。」年輕人依舊面色冰冷的回答著。

摩斯心裡咯噔一下：什麼，要送一隻烏龜給自己的新娘，那豈不是給他們的婚姻安上了一個定時炸彈？摩斯鄭重的想了一會，對年輕人說：「先生這件禮品一定要好好包裝一下，才會給你的新娘帶來更大的驚喜。可是今天這裡沒有包裝盒了，請你明天再來取好嗎？我一定會利用今天晚上為您趕製一個新的、漂亮的禮品盒……」「謝謝你！」年輕人說完轉身走了。

第二天清晨，年輕人早早的來到了禮品店，取走了摩斯為他趕製的精緻的禮品盒。

年輕人匆匆的來到了結婚禮堂——新郎不是他而是另外一個年輕人！年輕人快步跑到新娘跟前，雙手將精緻的禮品盒捧給新娘。而後，轉身迅速的跑回了自己的家中，焦急的等待著新娘憤怒與責怪的電話。在等待中，他的淚水撲簌簌的流了下來，有些後悔自己不該這樣去做。

傍晚，婚禮剛剛結束的新娘便給他打來了電話：「謝謝你，謝謝你送我這樣好的禮物，謝謝你終於能明白一切了，能原諒我了……」電話的一邊新娘高興而感激的說著。年輕人萬分疑惑，什麼也沒說，便掛斷了電話。但他似乎又明白了什麼，迅速的跑到了摩斯的禮品店。推開門，他驚奇的發現，在禮品店的櫥窗裡依舊靜靜的躺著那隻精緻的水晶烏龜！

一切都已經明白了，年輕人靜靜的望著眼前的摩斯。而摩斯依舊靜靜的坐在櫃檯後面，朝著年輕人輕輕的微笑了一下。年輕人冰冷的面孔終於在這瞬間被改變成一種感激與尊敬：「謝謝你，謝謝你，讓我又找回了我自己。」

原諒是一種風格，寬容是一種風度，寬恕是一種風範。摩斯只是將水晶烏龜這樣一件定時炸彈似的禮物換成了一對代表幸福和快樂的鴛鴦，竟在這短短的時間內最大程度上改變了一個人冰冷的內心世界。

是啊，當你被痛苦折磨得精疲力盡時，不妨學著寬恕。「一隻腳踩扁了紫羅蘭，它卻把香味留在那腳跟上，這就是寬恕。」

大多數人都一直以為，只要我們不原諒對方，就可以讓對方得到一定的教訓，也就是說：「只要我們不原諒你，你就沒有好日子過。」其實，倒楣的人是自己，一肚子窩囊氣，甚至連覺也睡不好。下次覺得怨恨一個人時，閉上眼睛，體會一下你的感覺，感受一下你的身體，你會發現：讓別人自覺有罪，你也不會快樂。

對於你來說，沉浸在痛苦的回憶中是徒勞的。與其咒罵黑暗，不妨在黑暗中燃起一支明燭。寬恕能讓你告別過去的灰暗情緒，重新找到積極樂觀的心情。對於你，這非常重要。

7 敵意仇恨，源自何處

篇頭導讀：敵意和仇恨一樣，它們與憤怒和攻擊性行為之間有一種循環的關係。換句話說，懷有敵意的人更容易憤怒，而憤怒又反過來會引發敵意。但是兩者的區別是，憤怒往往是短暫的，有始有終的；但敵意卻可以是長久的。

傳說，古希臘神話中有位大英雄叫海克力斯。有一天，他走在坎坷不平的山路上，發現腳邊有個袋子似的東西礙腳，海克力斯踩了那東西一腳。誰知那東西不但沒有被踩破，反而加倍的膨脹起來，海克力斯惱羞成怒，操起一條碗口粗的木棒砸它，那東西竟然長大到把路堵死了。

正在這時，山中走出一位聖人，對海克力斯說：「朋友，快別動它，忘了它，離它遠去吧！它叫仇恨袋，你不犯它，它便不如當初，你侵犯它，它就會膨脹起來，擋住你的路，與你敵對到底！」

我們生活在塵世中，難免與別人產生誤會、摩擦。如果不注意，在我們萌發仇恨和敵意之時，仇恨袋便會悄悄成長，你的心靈就會背負上報復的沉重負擔而無法獲得自由。

現代人對生活的敵意和仇恨主要有兩個來源：

一是來自家庭。和很多習慣一樣，這種態度也是在早年形成的。

二是來自被壓抑的、沒有化解的憤怒。我們可以拿一個你每天用來喝咖啡的杯子舉例。假如你從來不擦洗那個杯子，會發生什麼情況？你每次喝咖啡都會在杯子裡留下一層殘渣，這些殘渣最終會使杯子的裡層變色，並且會使你的咖啡帶上一種苦味。如果你總是隱藏自己的情感，或者如果你不善於原諒，那就會發生同樣的事情。

敵意就是你品嘗生活時的一種苦味，這種苦味影響著你對周圍的人或事的態度。人一般是不會一夜之間變得對生活充滿敵意的，敵意的形成是一個長期而隱蔽的過程。

敵意和仇恨也會來自沒有釋懷的過去的經歷，這些經歷被你從過去帶到了今天甚至將來。實際上，這充分說明，昨天的憤怒會變成今天的憤怒，而今天的憤怒會變成明天的憤怒。

在現實生活中，我們應該如何對待仇恨和敵意心理，樣避免報復行為呢？

1　擁有愛心

我們的心如同一個容器，當愛越來越多時，仇恨就會被擠出去。我們不需要一味的、刻意的去消除仇恨，只要不斷用愛來充滿內心、用關懷來滋潤胸襟，仇恨自然沒有容身之處。

一九八七年一月，一名精神病患者持槍衝進山迪・麥葛利格家，射殺了他三個花樣年華的女兒。這場悲劇使山迪陷入痛苦的深淵，沒有人能真正體會他的悲痛與憤怒。隨著時間的流逝，他在朋友的勸慰下體會到，要使自己的生活回歸正軌，唯一的辦法是拋開憤怒，原諒那名精神病兇手。於是。山迪透過寬恕別人拯救了自己，後來他把所有時間用來幫助別人獲得心靈的平靜及寬恕他人。

他的經驗可以證明，即使是遭逢劇變而引起的怨恨，也依然可以釋懷。如果你問山迪為什麼不再堅持自己的仇恨，他會告訴你，他拋開憤怒是為了自己，希望自己好好活下去。

2　心理換位

在人際交往中，當一個人受挫折或不愉快時，不妨進行一下心理換位，將自己置身於對方境遇中，想想自己會怎麼辦。透過這樣的換位思考，也許能理解對方的苦衷，正確看待他人給自己帶來的挫折或不愉快，從而消除報復心理。

3　找個知己

宣洩情緒作為一種能量是有積蓄效應的，積蓄到一定程度就需要發洩，這時，你可以找一個知心朋友傾訴、請教，以宣洩自己的心理壓力，聽聽他人的評論、勸解。經過情緒的宣洩之後，可能你心中的火會不知不覺的熄了一大半，甚至煙消雲散。

4　轉移注意力

當遭受欺侮，自尊心受到傷害時，憤怒之情油然而生，甚至怒火中燒。這時，我們可以暫時離開你看不順眼的人或環境，所謂眼不見，心不煩，轉而從事一些自己最開心的活動以幫助轉移注意力，從而淡化憤怒情緒。

8 事無完美，學會接受

篇頭導讀：不要指望什麼事都能解決，任何事情都沒有完美的，你應試學會接受現實，這樣你可以很快擺脫自己的憤怒

也許你可能是這樣的人：除非讓你生氣的問題能得到解決，否則你的憤怒就無法消失。對於能解決的問題來說，這也是個可行的方法。但是如果這個問題根本無法解決或無法完全解決呢？難道你要抱著自己的憤怒過一輩子嗎？

現實生活中，你會遇到很多你再努力也不能圓滿解決的問題、衝突或者局面。這時你就必須接受這種不圓滿的結果，學會打開你心靈的柵欄。

當愛莉絲的丈夫邁克因腦瘤去世後，她變得異常憤怒，她憎恨孤獨，憎恨生活的不公平。孀居三年，她的臉變得緊繃繃的。

一天，愛莉絲在小鎮擁擠的路上開車，忽然發現一幢她喜歡的房子周圍豎起一道新的柵欄。那房子已有一百多年的歷史，顏色變白，有很大的門廊，過去一直隱藏在路後面。如今馬路擴展，街口豎起了紅綠燈，小鎮已頗有些城市味，只是這座漂亮房子前的大院已被蠶食得所剩無幾了。可院子總是被打掃得乾乾淨淨，裡面綻開著鮮豔的花朵，愛莉絲注意到一個繫著圍裙、身材瘦小的女人在清掃著枯葉，侍弄鮮花，修剪草坪。

每次愛莉絲經過那房子，總要看看迅速豎立起來的柵欄。一位年老的木匠還搭建了一個玫瑰

花格架和一個涼亭，並漆成雪白色，與房子很相配。

有一天，愛莉絲在路邊停下車，長久的凝視著柵欄。木匠高超的手藝令她幾乎流淚。愛莉絲實在不忍離去，索性熄了火，走上前去，撫摸柵欄。它們還散發著油漆味。愛莉絲看見那女人正試圖開動一臺割草機。

「喂！你好！」愛莉絲喊道，一邊揮著手。

「嘿，親愛的！」那女人站起身，在圍裙上擦了擦手。

「我在看你的柵欄。真是太美了。」

那女人微笑道：「來門廊上坐一會吧，我告訴你柵欄的故事。」

她們走上後門臺階，那女人打開柵欄門，愛莉絲不由得欣喜萬分，她終於來到這美麗房子的門廊了，喝著冰茶，欣賞周圍不同尋常的賞心悅目的柵欄。

「這柵欄其實不是為我設的。」那女人直率的說道，「我獨自一人生活，可有許多人到這裡來，他們喜歡看到真正漂亮的東西，有些人見到這柵欄後便向我揮手，幾個像你這樣的人甚至走進來，坐在門廊上與我聊天。」

「可面前這條路加寬後，這裡發生了那麼大的變化，你難道不介意？」

「變化是生活中的一部分，也是鑄造個性的因素，親愛的。當你不喜歡的事情發生後，你面臨兩個選擇：要麼痛苦憤懣，要麼振奮前進。」

當愛莉絲起身離開時，她說：「任何時候都歡迎你來做客，請別把柵欄門關上，這樣看上去很友善。」

愛莉絲把門半掩住，然後啟動車子。她內心深處有種新的感受，她無法用語言表達，只是感到，在她那顆憤懣之心的四周，一道堅硬的圍牆轟然倒塌，取而代之的是整潔雪白的柵欄。

也許你所經歷的事件比愛莉絲還要痛苦，也許你所經歷的事件不如愛莉絲，但不管怎麼樣，你在下次生氣的時候，問自己這樣一些問題：我生氣是否有助於問題的解決？生氣能不能阻止已經發生的事情？換句話說，當前的問題是不是屬於「覆水難收」的情況？如果是的話，那你就應該擺脫自己的憤怒。

9　時間已到，僅此為止

篇頭導讀：我們把一次生氣的時間長度定在半小時之內是比較安全的，也就是說，生氣超過二十五分鐘就應該算是過長了。

也許有人會問，一個人生氣的時間不應該超過多長？生氣多長時間會對一個人造成傷害？多長才算過長？

美國著名心理學家W・道爾・金特裡博士透過對兩百八十六個年齡在十三歲到八十三歲之間的人進行調查，結果發現，一個人生氣的時間不應該超過二十五分鐘。所以，我們把一次生氣的時間長度定在半小時之內是比較安全的，也就是說，生氣超過二十五分鐘就應該算是過長了。

對於那些真正能夠掌控自己情緒的人來說，二十五分鐘已經算是很長時間了，他們可能根本就沒有時間去生氣。

有一位婦人特別喜歡為一些瑣碎的小事生氣。於是，她求一位禪師為自己談禪理，開闊心胸。禪師聽了她的講述，一言不發的把她領到一座禪房中，落鎖而去。

婦人氣得跳腳大罵，罵了許久，禪師也不理會。婦人開始哀求，禪師仍置若罔聞。婦人終於沉默了，禪師來到門外，問她「你還生氣嗎？」

「我只為自己生氣，我怎麼會到這地方受這份罪。」婦人說。

「連自己都不能原諒的人怎麼能心如止水。」禪師說完就離開了。

過了一會，禪師又問她「還生氣嗎？」

「不生氣了。」婦人說。

「為什麼？」禪師問。

「氣也沒有辦法了。」婦人說。

「你的氣並未消失，還壓在心裡。爆發後會更加劇烈。」禪師說後又離開了。

禪師第三次來到門前，婦人告訴他：「我不生氣了，因為這不值得生氣。」

禪師微笑著說：「還知道值不值得，可見心中還有衡量。還是有氣根。」

當禪師的身影迎著夕陽立在門外時，婦人問禪師：「大師，什麼是氣啊？」

婦人終於醒悟了。

為什麼要生氣呢？「氣是別人吐出，而你卻接到口裡的那種東西。你吞下便會反胃，你不看它時它就消散了。氣是用別人的過錯來懲罰自己的蠢行。」

在現實生活中，大多數人並沒有遇到過什麼大的挫折和創傷，但一顆心卻總是被生氣緊緊纏裹著。人生本就短暫，如果我們都把無比寶貴的時間去氣一些本不該在意的小事情，值得麼？愛地巴的故事就是一個很好的啟示。

相傳，在古老的西藏，有一個叫愛地巴的人，每次生氣和人起爭執的時候，他就以很快的速度跑回家去，繞著自己的房子和土地跑三圈，然後坐在田地邊喘氣。

愛地巴工作得非常勤勞努力，他的房子越來越大，土地也越來越廣。但不管房地有多大，只要與人爭論生氣，他還是會繞著房子和土地跑三圈，愛地巴為何每次生氣都繞著房子和土地跑三圈？

所有認識他的人，心裡都起疑惑，但是不管怎麼問他，愛地巴都不願意說明。直到有一天，愛地巴很老了，他的房地也已經太廣太大了，當他生氣時，還是拄著拐杖艱難的繞著土地跟房子走，等他好不容易走完三圈，太陽都下山了，愛地巴獨自坐在田邊喘氣，他的孫子在他身邊懇求他：「阿公，您年紀已經這麼大了，這附近地區的人也沒有比您的土地更大的，您不能再像從前一樣，一生氣就繞著土地跑啊！您可不可以告訴我這個祕密，為什麼您一生氣就要繞著土地跑上三圈？」

愛地巴經不起孫子懇求，終於說出隱藏在心中多年的祕密，他說：「年輕時，我一和別人吵架、爭論、生氣，就繞著房地跑三圈。邊跑邊想，我的房子這麼小、土地這麼小，我哪有時間、哪有資格去跟人家生氣？一想到這裡，氣就消了，於是就把所有時間用來努力勞作。」

孫子問到：「阿公，您年紀這麼老了，又變成最富有的人，為什麼還要繞著房地走呢？」

愛地巴笑著說：「我現在還是會生氣，生氣時繞著房地走三圈，邊走邊想，我的房子這麼大、土地這麼多，我又何必跟人計較？一想到這，氣也就消了。」

愛地巴老人不失為一個深諳人生智慧的人，他懂得如何適時調節自己的情緒，減少生氣的時間。

對於多數現代人來說，想要不生氣的確很難，那麼最好的辦法就是把二十五分鐘的時限作為生氣時的一個原則。下次你生氣的時候，看看錶，記住是什麼時間。如果你沒帶錶，問問讓你生氣的人現在是什麼時間。不斷的看看時間，以便到了二十五分鐘的時候能及時知道。如果到那時你已經消氣了，那最好。如果沒有，那就大聲對自己說：「到此為止吧！」然後丟掉憤怒，去做該做的事情。

10　浪費精力，實屬不值

篇頭導讀：好好珍惜生命中的每一天，盡情享受生命中的每一天，不要讓憤怒情緒牽著鼻子走，要冷靜，要學會寬容。

上班時塞車得很厲害，交通號誌燈仍然亮著紅燈，而時間很緊迫，您煩躁的看著手錶的秒針。終於亮起了綠燈，可是您前面的車子遲遲不起動，因為開車的人思想不集中。您憤怒的按響了喇叭，那個似乎在打瞌睡的人終於驚醒了，倉促的離開。而您卻在幾秒鐘裡把自己置於緊張而憤怒的情緒之中。

美國研究壓力反應的專家理察・卡爾森說：「我們的惱怒有百分之八十是自己造成的。」這位加州人在研討會上教人們如何不生氣。他還就此寫了一本暢銷書《別為小事抓狂》。卡爾森把防止激動的方法歸結為：「請冷靜下來！要承認生活是不公正的。任何人都不是完美的，任何事情都不會按計劃進行。」

卡爾森總結了一條制怒的黃金規則：「不要讓小事情牽著鼻子走。要冷靜，要理解別人。」

他還列舉了如下的建議：

- 表現出感激之情——別人會感覺到高興，您的自我感覺會更好；
- 學會傾聽別人的意見，這樣不僅會使您的生活更加有意思，而且別人也會更喜歡您；
- 每天至少對一個人說，您為什麼賞識他；
- 不要試圖把一切都弄得滴水不漏。只要找，總是能找到缺點的。這樣找缺點，不僅會使您，也會使別人生氣；
- 不要頑固的堅持自己的權利，這會沒有必要的花費許多精力。不要老是糾正別人；
- 常給陌生人一個微笑；

・不要打斷別人的講話；

・不要讓別人為您的不順利負責。要接受事情不成功的事實——天不會因此而塌下來；

・忘記事事都必須完美的想法，您自己也不是完美的。這樣你會感覺很輕鬆。

如果抑制不住憤怒呢？你還要記住一點：憤怒和疲勞總是牽手而行。任何情感都是要耗費精力的。生氣時，身體需要能量來調動各個部位，使其擺出進攻的姿勢——心跳加速、血壓升高、全身的肌肉收縮。由於憤怒自身的性質，你會感到興奮，你的腎上腺素分泌會增加，所以當你鬆弛下來時，你會感到累甚至疲乏不堪。

這時最好的補救措施是什麼呢？在精力不濟的時候，最簡單的事情也會被自己搞糟。所以，要學會養護自己充沛的精力。

1 合理起居。現在，外面的世界豐富多彩，自己的活動五彩繽紛，當然時間是不講究的，可能是白天，可能是傍晚，也有可能是子夜時分。所以，能夠合理並切實的按照自己的安排休息，確實不是一件容易的事情。越是這樣，越是彰顯合理休息的重要性。每天晚上至少要保證休息七個小時以上，這樣才可以應付白天緊張的工作和學習。中午時候，最好是休息三十分鐘到一個小時，太長，晚上可能精力過於充沛無法入睡，太短，又沒有很好的起到調節的作用。

2 適當運動。體育運動不僅可以強身健體，更重要的是可以調節精神，培養人的正氣。所以，要根據自己身體的狀況和自己的喜好，選擇自己喜歡的體育運動，每週堅持鍛鍊三次以上。這樣可以大大調節自己的身體狀況和精神狀態。

3　合理膳食。民以食為天，這是中國自古就有的觀點，它告訴我們飲食的重要性。如果放到我們個人的身上，應該是：我以吃為先。只有合理的飲食，才可以從根本上保持自己身體所需的各種元素和營養成分。所以，不要偏食，更不要暴飲暴食，要合理的飲食。

在做到上面主要的三點之後，還要做的就是學會充實自己的生活，比如讀讀書，看看藝術電影，參觀參觀藝術展等，不僅可以陶冶自己的情操，還可以培養自己的內涵和氣質，從而為精力的充沛提供了良好的屏障。

11 生氣能解，不氣亦能

篇頭導讀：生氣能解決的問題，不生氣也能解決。

多數情況下，人在生氣的時候會把問題弄糟。有些年輕人碰見不順心的事時，就會發脾氣、打架，甚至還摔東西。這樣是不好的，如果你發脾氣只會把事情弄得更糟。

比如說，在公共汽車上，一個人看見一個空位，就坐了上去。不一會兒，這個座位的主人來了，說：「你怎麼坐我的位置？滾開！」後來，坐著的人說：「這哪寫著你的呢？你欠揍吧！」。這樣兩個人很快就會打起來。顯然，生氣是不可以解決問題的。你應該和對方心平氣和的談。如果你坐了別人的位置，那個人來了，說：「對不起，你坐了我的位置了。」這時你不好意思的說：

「對不起，你坐吧！」這樣怎麼還會打起來呢？

在有些情況下，憤怒也可以得到建設性的作用，但是在生活中，靠生氣能得到的事情，不生氣也能得到。

在生活的過程中，人們似乎人為的在「發脾氣」和「辦成事情」之間建立了連結。於是只要我們面臨問題的時候憤怒情緒就會自動的出現，心理學家將這種情況稱為「迷信強化」。換句話說，我們認為憤怒對於我們每天的生存是必需的，而實際情況並不是這樣。

希吉爾先生是一家大型超級市場的老闆，他每天都會去巡視他的商場。一個月前，希吉爾先生因為突發心臟病而送進醫院接受治療。

由於泰得醫生與希吉爾先生認識的時間很長，知道希吉爾先生是個易激動、脾氣暴躁的男人，便勸告他說：「如果您還想每天起床後再看見自己的親人和您的商店的話，您就必須在您發脾氣前做深呼吸，再想出一個能解除生氣的辦法。如果您不這麼辦的話，我只能為您開始物色一位好牧師了。因為您的病只有您自己和上帝能幫助您了。」

當希吉爾先生出院後的第一天他就一大早來到他的商場，他有好幾個星期沒看見他的商場和員工了，而他更希望看見商場裡有川流不息的人群。

希吉爾走到一個貨架區發現有位女士想買鞋子等了很久沒有人招呼她，而他的店員們也不在工作崗位上。他發現他們並不是因為忙碌而不能分身，而是簇擁在一起聊天。他的心跳開始加速，呼吸也不順暢。他想起了泰得醫生的話，他邁著緩慢的步伐走到那位女士面前，蹲下身子為她試穿她想要的鞋，然後交給店員去包裝後便離開了那裡。

當他做完這些後他覺得也沒什麼可值得生氣的了。他到了五十歲才第一次發現，原來不生氣也可以解決問題。

現在，你就來想想最後一次發火是什麼時間。是什麼問題讓你生氣？你能不能不生氣而以其他方式解決問題？說實話，你的憤怒是幫助還是阻礙了問題的解決？答案絕對是阻礙了問題的解決。

在人類歷史的某個時候，憤怒無疑是有其作用的，這種作用主要和人的生存有關。但是在現在的世界，憤怒幾乎已經沒有什麼作用了。很多情況下，憤怒只能被看成是一個一代一代遺留下來的壞習慣。

第六章　掌控焦慮，身心合一

焦慮是一種非常痛苦的體驗，從小到大我們所受的教育總是教導我們如何去迴避、忽略焦慮的情緒，甚至是乾脆否認它的存在。然而，這種視而不見的態度根本不能解決問題。實際上，焦慮的情緒非但不會消失，反而會隨著時間的流逝而愈演愈烈。在驚慌不安、恐懼和普遍焦慮的情況下，個別人會因畏懼和焦慮而行為失控，而保持對焦慮的控制才能為生存提供重要的幫助。

1　適度焦慮，中庸之道

篇頭導讀：焦慮是人處於壓力狀態時的正常反應，適度的焦慮可以喚起人的警覺，集中注意力，激發鬥志。但是焦慮要適可而止，過度的焦慮會影響人的身心健康。

每個人在生活中都有過這種體會：在面臨一些即將發生又難以掌握結局的事件時，常常會產生緊張、擔憂、煩躁不安等情緒，而這種不安的反應就是焦慮。

很多人在產生焦慮情緒時，往往不曉得自己正處於焦慮狀態！

孩子說：「明天公布考試成績，我今晚一定睡不好！」

媽媽說：「看著孩子的功課一天比一天退步，我不知道該怎麼辦才好！」

先生說：「最近業績不好，回到公司都感到戰戰兢兢！」

婆婆說：「每當兒子夜歸，我就坐立難安！」

「睡不好」、「不知該怎麼辦好」、「戰戰兢兢」、「坐立難安」，都表示心中有焦慮。

當一個人心中感到焦慮，意味著他有壓力了。因為焦慮是人處在壓力底下一種生理及情緒上的不愉快、不舒服的感覺。換言之，「公布考試成績」、「孩子功課退步」、「工作表現欠佳」、「兒子夜歸」等生活事件，已經變成壓力事件了！

焦慮是一種複雜的心理，它始於對某種事物的熱烈期盼，形成於擔心失去這些期待、希望。焦慮不只停留於內心活動，如煩躁、壓抑、愁苦，還常外顯為行為方式，表現在不能集中精神於工作、坐立不安、失眠或夢中驚醒等。

焦慮在正常人身上也會發生，這是人們對於可能造成心理衝突或挫折的某種特殊事物或情境進行反應時的一種狀態，同時帶有某種不愉快的情緒體驗。這些事物或情境包括一些即將來臨的可能造成危險或災難、或需付出特殊努力加以應付的東西。如果對此無法預計其結果，不能採取有效措施加以防止或予以解決，這時心理的緊張和期待就會發生焦慮反應。

焦慮究竟是一種什麼樣的感受呢？不妨想一想過去的經歷：

小時候，你做了錯事，不敢回家，怕回去讓爸爸打屁股。後來不得已，還是回到家裡時，聽到爸爸下班進門時的咳嗽聲，你當時的心情就是一種典型的焦慮。

到了青春期，你和女生約會，當時惴惴不安的心態，可能至今還記憶猶新。想一想，第一次約會的時刻，心中小鹿亂撞，心慌心跳，坐立不寧，說話也結結巴巴，語無倫次……這也是焦慮。

你要參加一場運動比賽，或者參加一次重要的考試，畢業要分配工作，或者去參加面試，或者住醫院要做手術……這時，正常人都會心跳加快，呼吸加快，肌肉緊張……只有出現這樣的表現，才能調動身體各項功能的積極性。

焦慮和抑鬱一樣，有時候是疾病。但焦慮並不完全是壞事，

適當的焦慮，往往能夠促使人鼓足力量，去應付即將發生的危機，或者說，焦慮是一種積極面對壓力的本能，使我們身體的綜合能力能夠發揮得更好。

第六章　掌控焦慮，身心合一

1　適度焦慮，中庸之道

運動員參加百米賽跑，起跑之前，他們就開始緊張，腎上腺素分泌增加，心跳加快，肌肉緊張，全身所有的器官立即進入「備戰」狀態，這時，只要聽到信號槍響，他們就像離弦之箭。

學生參加考試，考前幾天比較容易出現焦慮，結果是學習效率高了，平常不容易記住的東西一下子就記住了。這樣就能夠比較快的做好考試前的各項精神準備，進入考試狀態。

這種短時間的焦慮，對身心、生活、工作沒有什麼妨礙；但是長時間的焦慮，能使人面容憔悴，體重下降，甚至誘發疾病，給身心健康帶來影響。

如果一個人久陷焦慮情緒而不能自拔，內心便常常會被不安、恐懼、煩惱等體驗所累，行為上就會出現退避、消沉、冷漠等情況。而且由於願望的受阻，常常會懊悔、自我譴責，久而久之，便會導致精神異常。

有一個小職員一次去看戲，不小心打了一個噴嚏，結果口水正巧濺到了前排一位長官的腦袋上。小職員十分惶恐，趕緊向長官道歉，那位長官沒說什麼。

小職員不知長官是否原諒了他，結束後又去道歉。長官說：「算了，就這樣吧。」這話讓小職員心理更不踏實了。他一夜沒睡好，第二天又去賠不是。這位長官不耐煩了，讓他「閉嘴、出去」。

小職員心想，這回一定是得罪長官了，他又想方設法去道歉。

小職員就這樣因為一個噴嚏，背上了沉重的心理負擔，最後，他整個人的精神都變得不正常了。

顯在，焦慮不可太小，也不可太過。它就像是一條橡皮筋，如果拉得太緊，它會斷掉；如果拉得不夠緊，它的張力又得不到最大限度的發揮。因此，我們應該保持適度的焦慮，這才是管理焦慮的中庸之道。

2 調整步調，小憩片刻

篇頭導讀：焦慮是一種習慣，放鬆也是一種習慣。壞習慣可以改正，好習慣可以慢慢養成。

弦總是緊繃著，是容易斷的；一輛馬力經常加到極限的車，不會用得太久；一塊發條永遠上到極限的錶，不會走得太久；一個人過於焦慮就容易生病。所以，善於開車的人永不把車開得過快；善用弓的人不會把弦繃得太緊；善用錶的人永不把發條上得過度；善管理情緒的人不會讓自己處於焦慮中。

在競爭越來越激烈的現代社會中，要想生活得輕鬆自在一些，就應該放鬆生命的弦，減少自己的焦慮。

有一位生意人，在事業上十分成功，但卻一直未學會如何放鬆自己。他總是把他工作上的緊張氣氛從辦公室裡帶回家裡。

他剛剛下班回到家裡踏入餐廳中。餐廳中的家具十分華麗，但他根本沒去注意它們。他在餐桌前坐下來，但心情十分焦慮不安，於是他又站了起來，在房間裡走來走去。他心不在焉的敲敲桌面，差點被椅子絆倒。

他的妻子這時候走了進來，在餐桌前坐下。他打聲招呼，一面用手敲桌面，直到一名傭人把晚餐端上來為止。他很快的把東西一一吞下，他的兩隻手就像兩把鏟子，不斷把眼前的晚餐一一鏟進嘴中。

吃完晚餐後，他立刻起身走進起居室。起居室裝飾得十分美麗，有一張長而漂亮的沙發，華麗的真皮椅子，地板鋪著高級地毯，牆上掛著名畫。他把自己投進一張椅子中，幾乎在同一時刻拿起一份報紙。他匆忙的翻了幾頁，急急瞄了瞄新聞標題，然後，把報紙丟到地上，拿起一根雪茄，引燃後抽了兩口，便把它放到菸灰缸裡。

他不知道自己該怎麼辦。他突然跳了起來，走到電視機前，打開電視機，等到影像出現時，又很不耐煩的把它關掉。他大步走到客廳的衣架前，抓起他的帽子和外衣，走到屋外散步去了。

他這樣子已有好幾百次了。他沒有經濟上的問題，他的家是室內設計師的夢想，他擁有兩部汽車，事事都有傭人服侍他——但他就是無法放鬆心情。

我們從故事中可以看出，這個生意人所有的問題就在於他的焦慮情緒，他之所以繁亂的生活，是因為他沒有掌握放鬆自己的祕訣。

與這個生意人一樣，很多現代人也找不到緩解焦慮的竅門。其實辦法很簡單，就是學會調整你的步調，小憩片刻。

調整步調意味著用最適合的節奏生活。每一天安排太多的活動而沒有休息會讓人感覺筋疲力盡、壓力重重、焦慮，甚至可能會生病。但如果活動不充足的話，也會使生活枯燥而沒有熱情。很多有焦慮障礙的人生活步調往往太快，盲目的跟隨著社會告訴我們的準則，不論代價是什麼一定要多做、多成功、超越他人。經由參照外在標準，你可能會強加給自己快節奏的生活，而這種節奏其他人能做到，但對你就是不合適，你應該找到最適合你自己的節奏。

你想要達到深度放鬆和內心平靜的狀態，時間表中要安排各種活動間隔的休息、反思和隨便自己怎麼樣的時間。如果你總是在一天的各種活動中忙碌，嘗試著放慢節奏，爭取每個小時或至少每兩個小時就休息五至十分鐘。

當你從一個活動轉到另一個活動時，小憩片刻特別有幫助。比如，早晨鍛鍊身體後，休息一會兒再去上班；或者做好飯後，休息一會兒再坐下吃飯。在休息的時候，你可以做做腹式呼吸、冥想、散步、做幾個瑜伽伸展動作，或者任何其他有助於你恢復活力、放鬆、清醒頭腦的活動。

第二次世界大戰時，邱吉爾有一次和蒙哥馬利閒談，蒙哥馬利說：「我不喝酒，不抽菸，到晚上十點鐘準時睡覺，所以我現在還是百分之百的健康。」邱吉爾卻說：「我剛巧與你相反，我既抽菸，又喝酒，而且從來都沒準時睡過覺，但我現在卻是百分之二百的健康。」蒙哥馬利感到很吃驚，像邱吉爾這樣工作繁忙緊張的政治家，生活如果沒有規律，哪裡會有百分之二百的健康呢？

其實，這其中的祕密在於邱吉爾能堅持經常放鬆自己，讓心情輕鬆。即使在戰事緊張的週末他還是照樣去游泳，在選舉戰白熱化的時候他還照樣去垂釣，他一下臺就去畫畫，工作再忙，他也不忘在那微皺起的嘴角邊叼一支雪茄放鬆心情。

在忙碌的工作節奏中安排短暫的休息時間，你會發現你有一些非常不同的感覺。你會驚奇的發現你做的事情還是那麼多甚至更多了，因為你在工作時更有精力、思路更清晰了。在工作中小憩片刻、重組思路聽起來很簡單，但在執行時你還是要投入。你會發現這種努力是值得的。

對於一個成功者來說，他的人生永遠不會是忙碌到抽不出一點休息放鬆的時間的。只要你能在這個忙碌的世界中做到鬆弛神經，保持放鬆的心情，你就是一個幸運者——你將會幸福無比。學會放鬆，也會讓你擁有一個無悔的人生。

3　簡單生活，好處多多

篇頭導讀：簡單生活的目的，是把你從那些耗盡了你的時間、精力和金錢的活動中解放出來。

現實生活中，我們承擔了過於繁重的財務和時間的責任，以及充斥著過度的物質需求，這是現代社會焦慮的一個重要來源。雖然這種過度追求是我們時代的特徵，但只要我們生活得越簡單，我們就能體驗越多、幸福越多。

有時候，簡單的生活似乎是遙不可及的。有太多的雜物塞滿了自己的生活，有太多的事情需要去完成，它們就像山一樣壓在自己的肩上。

要過簡單的生活，不需要也不可能一下子就改善，只有循序漸進，每次做一件事，才能達到目標。事實上，你只要拋棄一些雞毛蒜皮的小事，做一些重要的事情，就能開始過簡單輕鬆的生活。

那麼，我們如何讓自己的生活變得更簡單呢？

1 選擇小型的生活住宅。選擇小型的住宅有幾個好處。首先，不可能有足夠的房間來堆放很多東西，因而限制了你的購物欲望。其次，更小的地方打掃清潔所需的時間變少了、花費更少了。

2 丟掉你不需要的東西。檢查一下你家裡所有的東西，看看哪些是有用的需要保留，哪些只會占據空間。一般而言，為了減少雜七雜八的東西，丟掉所有你沒有使用一年以上的東西，當然除了那些凝聚著感情的物品。

3 不要盲目購物。有一種控制盲目購物的好方法，就是讓你的購買行為變得麻煩一點。比如，你可以把現金、支票簿和信用卡留在家裡再去逛街。此外，當你沒有事情的時候，最好是找些別的消遣方式，比如找朋友家聊天、看電影、看書等。當你確實需要購物的時候，可找一個善於理財的朋友和你一起去，他能隨時提醒你，哪些東西是可有可無的，不一定非買不可。最後你買到的一定是你真正需要的東西。

4 降低生活需求。太多的物品會造成我們的壓迫。捨棄那些不必要的雜物，你會全身輕鬆，過得單純而自在。當開始實行簡約生活後，你一定會覺得自己整理房子是一件很輕鬆的事；你不必再為了找個稱職的司機而東奔西跑；當你的應酬減少了以後，你的衣櫃也可以縮減到最小的狀態；當你的人際關係單純化之後，你也不需要去看心理醫生了。我們每個人都必須做出決定：你是選擇讓物品和應酬的增加成為一種負擔，還是停止增加這些東西使生活簡單、單純，這都看你自己的選擇。

5 賣掉車子。當你賣掉了實際上用不到的車子時，你心中會有一種極大的解脫感，因為你再也不必為了擁有一輛車而擔心各種麻煩了。賣掉車後，你可以在週末和家人騎自行車郊遊，這樣既能鍛鍊身體，又有樂趣。要是想去更遠的地方，你可以搭乘火車去旅行，你可以有機會認識更多的人，經歷更多有趣的事。

6 給自己更多的自由時間。簡化你的生活的一個方法就是讓你的時間更自由，你就有更多時間做自己想做的事。不幸的是，你可能甚至找不到時間來想想如何簡化你的生活。如果是這種情況，你至少需要每天騰出三十分鐘來想想如何簡化你的生活。或者，花一個星期來思考這個問題。你怎麼樣才能每天騰出三十分鐘呢？很簡單，早起一點，少看點電視，在你的辦公桌上便餐，午飯後散步，斷開互聯網，每天只查一次電子郵件，關掉電話，每天比前一天少做一件事。

一個人在生活中如果無所適從，那就失去了激勵的力量。當你的生活簡化以後，你就會集中於一點。生活的目標越是專注，激勵的力量越大。

4 早年經歷，重新審視

篇頭導讀：學會用成熟的方式去重新評價兒時的經歷，並學會客觀評價自己的本我和超我，有助於我們走出焦慮的低谷。

人在探索自身時常常會遇到許多干擾，其中，一個最主要的干擾便來自人早年的創傷性經歷。這種創傷性經歷分作兩種：

第一種是微小生活事件引起的精神創傷，是指由那種單獨看都不大，但日積月累卻會腐蝕人的生活與心靈的事件，如父母對孩子的苛求。

生活中，很多父母認為別的孩子會的，自己的孩子要會；別的孩子不會的，自己的孩子也要會，且樣樣都得精通。這就像一個寓言故事說的一樣：有一個國王讓一位神箭手射箭，他對神箭手說：我這兒有三枝箭，只要你每根箭射中十環，你就會得到一百萬元，可是你若有一箭射不中十環，那你就得死。於是這個箭手懷著又激動又恐懼的心情，射出了前兩枝箭，而且都射中了。可是當他射出第三枝箭的時候，卻恰恰遠離了箭靶。最終，神箭手死了。

就像那個國王對那個神箭手一樣，很多家長對孩子也有這樣的要求。由於有了一個「高標」，父母總是對孩子的表現不滿意、不認可，而這些高標準的要求常常超出孩子的實際能力。久而久之，孩子會因為自己不能實現預期的目標，自信心受損，內心焦躁不安。如果父母平時再總是輔以恐嚇或粗暴的懲罰手段來教育孩子，那麼孩子在長大以後再做某一件事情時就總會顯得更加焦慮不安。

在微小生活事件創傷的積累下，一個人會漸漸的把來自外界的苛求或冷淡化為對自己的方式和態度，從而有可能比別人更嚴厲要求自己或者走向另一個極端——完全的自暴自棄，放任自流。這種微小精神創傷對人心理的消極影響有一個從量變到質變的過程，因而對其不能掉以輕心。

第二種是指重大生活事件引起的創傷，如年幼時經歷的生老病死或遇到的虐待以及意外事件等。

大明星湯姆・克魯斯是很多人心中的偶像。而在克魯斯口中父親是「流氓」和「膽小鬼」，年少時，克魯斯曾飽受父親的虐待。此外，在學校裡，克魯斯也經常被同學欺負。

「他是個惡棍、膽小鬼。他是那種要是有什麼事情不順心就會踢人的人。他總是先哄你，讓你放鬆警惕，然後一下子又翻臉——那段經歷為我的人生好好的上了一課。」在接受媒體採訪時，湯姆・克魯斯這樣形容他的父親。也就是從那時起，克魯斯就知道應該時時提防自己的父親，「我那時就明白，這個傢伙不對勁，不能相信他，跟他在一起時要小心點。我一直處於這種焦慮中。」

離開家去讀書後，學校並沒有成為小克魯斯逃離家庭惡夢的樂園。小克魯斯常在學校裡被欺負。「那些大個子經常找我麻煩，推我。我膽戰心驚，冷汗直冒，感覺想吐……」克魯斯回憶說。

一般而言，早年經歷中的重大生活事件往往造成強烈的自責感。兒童時生活事件的印象本來就強烈，兒童因為年齡太小，往往會把重大生活事件的發生看成是自己的錯誤或責任，有時甚至會把自己身上發生的創傷性事件解釋為自己罪有應得。

在漫長的人生道路上，不論帶著哪一種創傷的陰影上路，都會妨礙日後對自身的客觀了解。早年的創傷性經歷會使他們喪失對自己的信心和判斷力，使他們即使知道自己的一些要求想法並沒有錯但也會自責；即使知道自己的父親不對，但仍會身不由己的去服從。而這類人會比一般人更容易陷入病態焦慮。

因此，有過創傷性經歷的人如果試圖了解自己，最好求助於專業人員即心理醫生的指導，使自己學會用成熟的方式去重新評價兒時的經歷，並學會客觀評價自己的本我和超我。

5 正視需要，滿足自己

篇頭導讀：正視並建設性的滿足自己的需要是緩解焦慮的好方法。人的心理問題與人的需要滿足與否存在著密切的關係。

美國心理學家馬斯洛指出，個體成長發展的內在力量是動機。而動機是由多種不同性質的需求所組成，各種需求之間，有先後順序與高低層次之分；每一層次的需求與滿足，將決定個體人格發展的境界或程度。

馬斯洛認為，人類的需求是分層次的，由高到低。

1 自我實現的需求。自我實現的需求是最高層次的需求，它是指實現個人理想、抱負，發揮個人的能力到最大程度，達到自我實現境界的人，接受自己也接受他人，解決問題能力增強，自覺性提高，善於獨立處事，要求不受打擾的獨處，完成與自己的能力相稱的一切事情的需求。也就是說，人必須做稱職的工作，這樣才會使他們感到最大的快樂。馬斯洛提出，為滿足自我實現需求所採取的途徑是因人而異的。自我實現的需求是在努力實現自己的潛力，使自己越來越成為自己所期望的人物。

2 美感的需求。美感的需求指存在於人身上的欣賞並體驗真、善、美的需求。比如說，優美的自然美景及友愛、真誠的人文美景，都能使我們的美感需求得到極大的滿足，使我們的心情寧靜或愉悅；而連綿陰雨的環境以及長時間置身於複雜的人際中，會使人的美感需求受挫，人的心情也會變得焦灼與不安。

3 認知的需求。馬斯洛認為，認知需求所遭遇的任何威脅、任何剝奪或阻礙，都會間接的威脅到各種基本需求。人的認知需求受挫，就難以和環境發生有效的相互作用，就會喪失生活的興趣並難以有效滿足自己的其他需求。

4 尊重的需求。人人都希望自己有穩定的社會地位，要求個人的能力和成就得到社會的承認。尊重的需求又可分為內部尊重和外部尊重。內部尊重是指一個人希望在各種不同情境中有實力、能勝任、充滿信心、能獨立自主。總之，內部尊重就是人的自尊。外部尊重是指一個人希望有地位、有威信，受到別人的尊重、信賴和高度評價。馬斯洛認為，尊重需求得到滿足，能使人對自己充滿信心，對社會滿腔熱情，體驗到自己活著的用處和價值。

5 情感和歸屬的需求。人人都希望得到相互的關係和照顧。感情上的需求比生理上的需求來的細緻，它和一個人的生理特性、經歷、教育、宗教信仰都有關係。

6 安全需求。安全的需求要求勞動安全、職業安全、生活穩定、希望免於災難、希望未來有保障等。馬斯洛認為，整個有機體是一個追求安全的機制，人的感受器官、效應器官、智慧和其他能量主要是尋求安全的工具，甚至可以把科學和人生觀都看成是滿足安全需求的一部分。當然，當這種需求一旦相對滿足後，也就不再成為激勵因素了。

7 生理需求。生理需求是維持人類自身生存的基本需求，是人類最原始、最基本的需求。如衣、食、住、行、性的需求。它們的滿足對於生存來說是必不可少的。

一般說來，人是遞次滿足自己的需求的。通常，低層次需求未被滿足時，人是不會產生高層次需求的。

馬斯洛將以上七種需求分作兩大類：第一類是基本需求（也叫匱乏性需求）。它們分別是生理需求、安全需求、情感和歸屬的需求以及尊嚴的需求。匱乏性需求導致匱乏性動機，匱乏性動機促使人去獲取他們匱乏的東西。第二類是超越性需求（也叫成長需求）。它們是認知、美感、自我實現的需求。成長需求導致成長動機，成長動機促使人認識自己和世界並努力實現自身的潛能。

馬斯洛認為，匱乏性需求未被滿足會導致心理疾病，因此，滿足匱乏性需求可以避免心理疾病，而滿足成長需求則能夠產生積極的心理健康狀態。換句話說，一個人要想避免心理疾病，就要滿足自己的基本需求；而一個人要想獲得心理健康，就要滿足自己的成長需求。

那麼，馬斯洛需求層次論在說明我們預防並應付過度焦慮方面有哪些意義？

1　所有的需求都應得到正視和滿足

需求是客觀存在，是人的生理和心理規律之一。對於規律，我們只能加以了解、尊重和服從，否則，我們就很可會遭受懲罰。比如說，現在很多中年人經常熬夜、加班工作，不顧身體（基本需求），只顧工作（自我實現需求），結果就產生了緊張、不安、擔心等焦慮情緒。而現在很多年輕人只顧滿足物質欲望（基本需求），而忽視內心的成長需求，日後就有可能被空虛與無意義感所糾纏，從而陷入焦慮。

因此，要想讓自己心理健康，我們就有必要對自己的需求加以正視和尊重，在滿足自己優勢需求的同時，兼顧其他需求，不要因對需求的過分的厚此薄彼而給自己留下隱患。

2　人有義務滿足自己的需求

滿足自身需求是我們對自己應負的責任之一。

儘管從大的方面說，人的需求的滿足取決於社會和個人兩方面，如果一個人有幸生活在一個能有效滿足自身需求的家庭與社會中當然很好，但如果一個人沒那麼幸運，那該怎麼辦？最好的辦法就是選擇從現在起自己承擔起滿足自己需求的義務。經過一段時間後，你還會發現，越是有能力滿足自身需求的人，社會給予他的越多；而越是依賴社會滿足自身需求的人，他從社會中所能得到的卻越少。

因此，承擔起滿足自身物質需求與精神需求的義務，是最利於我們成長的建設性選擇。

6 自由自在，呼吸由你

篇頭導讀：每當困難重重、無法脫身的時候，每當心情焦慮、鬱鬱寡歡的時候，學會自由自在的呼吸是至關重要的。

雖然每個人都有自己的處世哲學和不同的人生歷練，但是卻很少有人精於調整自己的焦慮情緒：不知道如何將自己從焦慮的情緒中解脫出來。即便有時候自己也試圖控制焦慮，但是常常手足無措，根本不知道該從何做起。

那麼，每當我們心情焦慮或者鑽牛角的時候，有沒有快速的方法來解決呢？

在這裡我們推薦一種基本的心態調整方法。具體為：將著眼點從當前越來越狹隘的具體的事件中掙脫出來，平心靜氣的拓寬自己關注的思維維度。對眼前所見、心中所思統統採用擴散型思維方式。你會驚奇的發現，一旦心地柔和，眼界寬廣，心情就好多了。

在這個過程中，首先要做到深呼吸。深呼吸可以有效消除焦慮情緒，緩解壓力。比方說，當

6　自由自在，呼吸由你

你準備參加演講或者面試感到緊張的時候，又或者正因為某個難題而感到焦慮的時候，停下來，作幾次深呼吸，你會頓時感到鬆弛，不那麼緊張，精神狀態瞬間得到很大的改善。

具體方法：首先，擺出一個舒服的姿勢，有三種好的方法：一是全身平躺；二是坐著，後背可以靠著，放鬆身體；三是盤腿坐著。保持順其自然的態度（不強求、不分心）。

接著，將注意力集中在呼吸上。呼吸是一個平靜、自然的過程，可採用想像的方式：想像你吸入的空氣是雲彩，雲彩飄近你，充滿你，然後離開你；想像你的腹部是一個氣球，在你吸氣時腹部像氣球一樣鼓起來，呼氣時候扁下去；在吸氣的時候對自己說「進」；呼氣的時候說「出」；慢慢的從十倒數到一，清醒而平靜的回到現實世界。睡不著時也可以採用這種呼吸方式放鬆。呼吸時不要用力，更不要憋氣。

在你感到心情焦慮，看待問題和思維方式都越發狹隘的情況下，不妨主動深呼吸，調整一下自己越發緊張的心態。事後證明，這樣的間歇常常不會耽誤事態的正常發展，正所謂磨刀不誤砍柴工。

第七章　疏解不滿，情緒自合

不滿情緒是一種負面情緒，但負面情緒並不僅僅只具有破壞性，許多時候它也是一個邁向更高境界的踏板。我們正視它，就能從中發現隱藏的痼疾，讓我們能夠不斷改進，並防患於未然。將負面的東西從心裡挖出來，然後積極的東西才會溢滿心田。

1　勿積不滿，否則難辨

篇頭導讀：我們每個人在生活的各個方面都可能有不滿或者產生矛盾的情緒，當然我們應該首先懂的自我調節，把握好自己情緒危機的脈搏。

如果一對夫妻三天一小吵，五天一大鬧，我們大概都同意他們的婚姻很難談得上和睦、幸福。但如果一對夫妻從不爭吵，我們是否可以說，他們的婚姻一定幸福呢？答案是：否。心理學家研究表明：如果夫妻間沒有表達其不滿情緒的暢通管道，或者是長期壓抑自己的不滿情緒，其婚姻的品質必然不高，甚至不如經常吵鬧的婚姻。心理學家雷曼德・諾瓦克說：「一個健全的關係依賴於雙方表達憤怒和互相給予負回饋的能力。」

如果一個人長期將自己的不滿情緒積壓，很容易使他變得暴躁、焦慮、抑鬱，這不僅對他自身的健康不利，還會影響到他的家人、或是他的朋友間的關係。

當然，一些不滿情緒並不僅僅具有破壞性，許多時候它是一個邁向更高境界的踏板。我們正視它，就能使我們不斷改進，並防患於未然。將負面的東西從心裡挖出來，然後積極的東西才會溢滿心田。

有一個想學禪的人好多次去找大師，希望能教他學禪。但大師一直不表態。這一天，這個人又來了。大師為他倒茶，水已經溢出茶碗，流了出來，可大師還在往裡倒。

這個人就說：「大師，水已經滿了，怎麼您還往裡倒？」

大師說：「是啊，一個裝滿舊水的杯子，怎麼能再倒進新水呢！」

這個人聽了後立刻開悟了。壓抑和隱藏只能將不滿情緒埋得更深，卻不能讓他們消失。而且隨著不滿情緒的積累，正面的、積極的、有益於我們成長的情緒在心田裡所擁有的空間會越來越小。所以，我們開發積極心態的第一步是先讓不滿情緒釋放出來。

如果把心靈比喻成鏡子，每天都會有塵埃落在上面，我們需要常常擦拭，才能保持心理健康。而且，人也具備自我心理調節的功能。當不良的情緒控制著思維的時候，一定要懂得去傾述；如果是兩個人之間的矛盾或者是不滿，一定要懂得和對方冷靜的溝通；但是如果長時間這樣的情緒沒有減輕的跡象時，就需要心理醫生的諮詢了。

以下具體方法可供參考：

1　找一個假設的宣洩對象

你可以將某一物體（如棉被或沙袋）假設為怨恨的對象，對其拳打腳踢。在影視作品中我們常可見到主角因憤怒而猛擊沙袋，這就是一種宣洩憤怒的方式。

美國的一位退休科學家年輕時曾患精神分裂症，在一家精神病院與暴力患者病房關了四年。有一天一個護士把他從捆綁的病床上解開，遞給他一個塑膠盤子，「把它朝牆上丟吧，親愛的。」他開始試著轉移自己的憤怒，並很快就康復了。所以這種宣洩方式被證實是有效的，只是以不破壞財物為前提。

2　找人傾訴

一種委屈和怨恨如果埋在心裡沒有向人訴說會使人「憋得慌」，從而導致一些不良後果。如果向別人訴說了，得到別人的理解、同情、指點，心裡會舒坦多了，原先有的偏激的想法也會消失。親友們對其過度偏激的想法會給予勸阻，甚至會採取一些預防措施，這樣也會避免一些不該發生的惡性事故。

如果身邊沒有可以交流的親友，也可以寫信的方式宣洩，因為當你耐下性子寫出一封長信，第二天平靜下來讀一遍時，可能會覺得當時的想法是十分可笑、甚至是十分可怕的。

3　尋求心理醫生

要是覺得自己無法擺脫這種心理，但又深刻了解了這種病態心理的危害，不妨請心理醫生指導，根據個人情況的不同，制定適合個人心理調適方案，相信對不滿情緒的治療有很大的好處。必要時，心理醫生可能會開出治療藥物，這樣可以避免你的衝動行為。

2　避免「踢貓」，防止蔓延

篇頭導讀：心若改變，你的態度跟著改變；態度改變，你的習慣跟著改變；習慣改變，你的性格跟著改變；性格改變，你的人生跟著改變。

心理學中有一個著名的「踢貓效應」：某公司董事長為了重整公司一切事務，承諾自己將早到晚回。事出突然，有一次，他看報看得太入迷以至忘了時間，為了不遲到，他在公路上超速駕駛，結果被警察開了罰單，最後還是耽誤了時間。這位老董憤怒之極，回到辦公室時，為了轉移別人的注意，他將銷售經理叫到辦公室訓斥一番。銷售經理挨訓之後，氣急敗壞的走出老董辦公室，將秘書叫到自己的辦公室並對他挑剔一番。秘書無緣無故被人挑剔，自然是一肚子氣，就故意找總機的碴。總機無可奈何垂頭喪氣的回到家，對著自己的兒子大發雷霆。兒子莫名其妙的被父親痛斥之後，也很惱火，便將自己家裡的貓狠狠的踢了一腳。

就如同上述「踢貓效應」一樣，人的不滿情緒和糟糕心情，通常會沿著階級和強弱組成的社會關係鏈依次傳遞，由金字塔頂端一直擴散到最底層，無處發洩的最小的那一個元素，則成為最終的受害者。

一般而言，人的情緒會受到環境以及一些偶然因素的影響，當一個人的情緒變壞時，潛意識會驅使他選擇下屬或無法還擊的弱者發洩。受到上司或者強者情緒攻擊的人又回去尋找自己的出氣筒。形成一條清晰的憤怒傳遞鏈，最終的承受者，即「貓」，是最弱小的群體，也是受氣最多的群體，因為也許會有多個管道的怒氣傳遞到他這裡來。

在現實的生活裡，我們很容易發現，許多人在受到批評之後，不是冷靜下來想想自己為什麼會受批評，而是心裡面很不舒服，總想找人發洩心中的怨氣。其實這是一種沒有接受批評、沒有正確的認知自己的錯誤的一種表現。受到批評，心情不好這可以理解。但批評之後產生了「踢貓效應」，這不僅於事無補，反而容易激發更大的矛盾。

我們知道，情緒有好情緒和壞情緒之分，所以造成情緒感染的效果也就有了正面和負面一說，同時就會產生積極的和消極的兩種心態。良好的情緒會讓人有一種健康向上的心態，因此也就會形成一種輕鬆愉悅的氣氛，感染身邊的每一個人也都有一個愉快的心情。而厭煩、壓抑、憂傷、憤怒的消極情緒則會造成緊張、煩惱甚至是充滿敵意的氣氛。而這樣的壞情緒又會直接影響和波及到你的家人、朋友和同事，也極有可能造成一系列的連鎖反應。就像丟進平靜湖面的小石頭，漣漪一波一波的擴散，也就將情緒污染傳播給了社會。

遇到問題，在我們大腦裡閃現的第一個念頭，就是我們對這件事情的一個情緒反應。這一閃念往往都會比較衝動，也最容易造成誤會的產生。就在我們的情緒處於失控邊緣時，只要我們稍微讓自己冷靜一下，不要在自己情緒激動時做出決定，並用「儘管……但是……」來開導自己。在處理事情之前，切記要先處理心情。因為只有擁有一個好的心態，才能防止我們情緒化的，讓自己有一些不理智的行為。

人是一種很容易接受心理暗示的動物，那我們不妨透過心理暗示告訴自己：在遇到事的時候一定要冷靜。而在這轉念一想的同時，也許就會設身處地的站在對方角度，並會為對方尋找一個可能的理由，及時的和對方換位思考，這時也就會有理性的判斷。對不良情緒就適時的做了良好的疏導和化解，同時也就避免了很多不愉快的事情發生。

生活中有許多事情我們是無力改變的，唯一能改變的是我們自己的心情。當遇到不如意的事情時，積極調整自己的心態，不要讓自己的不良情緒影響到身邊的人。對待自己冷靜一點，對待自己周圍的人寬容一點，和氣一點。放自己的心情一條平和的路，煩惱就不再整天跟著自己，你會發現生活中到處充滿陽光。

3 看開問題，生活愜意

篇頭導讀：學會體諒、信任、寬容，讓自己不再那麼的魯莽、幼稚；學會看開身邊那些不重要的事情，讓自己活得更開心、更快樂。

在日常生活中，總有許多人遇事不能釋懷，看不開，放不下，所以他們情緒起伏，經常發洩不滿情緒。如果你也是這樣，現在，就請記住一句話：不滿是用別人的過錯來懲罰自己。

常言道，退一步海闊天空。而現實生活中有的人就是不肯退這一步，即人們說的看不開。結果，往往貽誤了事態的好轉，甚至作繭自縛導致一幕幕人間悲劇。

為什麼現代人越來越看不開呢？

1 心理消極。想不開的人往往表現出性格內向，情緒消沉，自信心不足，心胸狹隘，喜歡以消極的態度看待事物，既不善於思考也不敢思考，對事物的結局異常悲觀。

2 偏執人格。想不開往往是把思維停留在某一點上，無論別人如何勸導也死抱著不放，不輕易改變自己的態度和認知，並沿著自己的偏失認知走下去，有的甚至碰得頭破血流也不回頭。

3　固定思維。思維方式僵化，思考問題都是走同一條路，缺少變通和應變能力，形成固定的思維模式，使自己認識、處理事物的能力永遠停滯在一個水準，限制了思維的廣度和深度，使問題的解決從開始就處於盲目難解和不能自拔的狀態。

4　不思進取。良好的思維品質和靈活的思維方式是在實踐和學習中鍛鍊出來的。由於消極心理的作用，想不開的人心存惰性、不思進取、不願學習鍛鍊解決問題的方法和能力，使自己永遠處在想不開的狀態中。

5　自我干擾。有的問題只要稍微改變一下，思維就會跳出艱澀和狹隘的圈子出現積極的轉機。這在旁觀者看來是極清楚的，可是當事者執迷不悟，排斥正確意見，一葉障目，不見泰山，把問題看得那麼死，抓得那麼緊。

世上沒有人每天的日子都晴空萬里。一個樂觀聰明的人懂得去尋找快樂，並放大快樂來驅散愁雲。遇上高興的事，他會迅速告訴親人和朋友，在分享中把快樂帶給更多的人。他不會給自己和家人設置心靈障礙，不會讓雞毛蒜皮的小事雜陳心頭，他會定期清理心裡的垃圾。

有些人喜歡說「看破紅塵」，其實人是不能「看破」的，應該「看開了」。因為一看破就會很消極，無所作為；但人也不能斤斤計較，不然就會時時不愉快，常常痛苦。

「看開」就是說：我不會常常倒楣，就這次，別人也碰到過，只是他碰到我不知道而已。這樣大家就不會覺得別人都那麼好運，只有自己那麼差勁了。有時大家看見一個人總是穿戴得整整齊齊，面帶笑容，講話也很有精神，覺得這個人好像從來沒有生病過。其實他遭遇到不幸的時候，他在家裡受疾病折磨的時候，大家不在場，沒有看到，而他的內心其實早就「看開了」。

梅琳是一個寡婦，為了撫養兒子長大成人，辛辛苦苦的教書賺錢。兒子大學畢業後，又被送到英國留學。完成學業後，兒子最後到美國加州的一個不錯的公司上班、賺錢、買房子，也在那裡娶妻生子生子，建立了美滿家庭和輝煌的事業。

梅琳為此欣慰不已，打算著退休後，帶著退休金前往加州與兒子媳婦一家人團圓。每天早晨可以到公園散步，也可以在家享受晚年含飴弄孫之樂。

於是，她在距離退休不到三個月的時候，寫了一封信給兒子，告訴他她就要飛往加州和他們一家團聚。信寄出後，她一面等待兒子的回音，一面把產業、事務逐一處理。

不久，她接到兒子從加州寄來的一封回信。信一打開，有一張支票掉落下來。她撿起來一看，是一張三萬美元的支票。她覺得很奇怪，兒子從來不寄錢給她，而且自己就要到加州去了，怎麼還寄支票來？莫非是要給她買機票用的？梅琳心中湧上一絲喜悅，趕快去讀信。

只見信上寫到：「媽媽！我們經過討論的結果，還是決定不歡迎你來加州同住。如果你認為你對我有養育之恩，以市價計算，約為兩萬多美金，現在我加了一些，寄上一張三萬元美金的支票給你，希望你以後不要再寫信來打擾我們。」

梅琳的一顆心由欣喜的巔峰，墜入了痛苦的谷底。自己辛辛苦苦的撫養兒子，最終卻換來了如此的忘恩負義。梅琳的眼淚瞬間如水一般流淌出來，想到自己一生守寡，從此老年淒涼，如風中殘燭，她實在難以接受這個事實。

梅琳心情沉重，幾乎難以自拔。一天下來，她就蒼老了很多。透過客廳的窗，梅琳望著紅彤彤的夕陽，忽然有所覺悟。梅琳想到：自己一生勞碌，從來沒有一天輕鬆的生活，而退休後，將無事一身輕，何不出去透透氣？很快，她就振作起來，為自己規劃一趟環遊世界之旅。

在旅行中，她見到大地之美，看到各地的居民不同的生活狀態，於是她又寄了一封信給她的兒子。信上寫道：「你要我別再寫信給你，那麼這封信就當作是以前所寫的信的補充文字好了。我接到了你寄來的支票，並用這張支票規劃了一次成功的世界之旅。在旅行中，我忽然覺悟。我非常的感謝你，感謝你讓我懂得放寬自己的胸襟，讓我看到天地之大，大自然之美。」

老人因為子女不孝而痛苦一生的事情，聽來並不稀奇。這些子女的行為的確令人髮指，但是作為父母，如果看不開、想不通，必然心中怒不可遏，一旦怒氣難消，必因怨恨攻心而後果不堪設想。

梅琳在經歷了那段痛苦的思想掙扎後，選擇了明智的對待事實本身。生命之舟已然負重，又何必和自己過不去，讓它更加沉重，直至超載呢？

對於我們每個人來說，在今後的生活中，遇事一定看開一點，唯有心靜如水，順其自然才是正確的選擇。

4 虛心隨和，快樂加倍

篇頭導讀：不輕易露出自己的不滿情緒，採取虛心、隨和的態度將使你與他人的合作更加愉快。

在現實生活中，我們與人相處時，不可能事事順利，不可能要求每個人都對我們笑臉相迎。有時候，甚至很多時候，我們也會受到他人的誤解，甚至嘲笑或輕蔑。這時，如果我們不善於控制自己的情緒，就會造成人際關係的不和諧，給自己的生活和工作帶來很大的影響。所以，當遇到意外的溝通情景時，要學會控制自己的情緒，輕易發怒只會造成不良效果。

任由情緒控制自己行動的人是弱者，真正的強者能夠以自身的行動控制自己的情緒。如果對方的嘲笑確有其事，就應該勇敢承認，這樣對你不僅沒有損害，反而大有裨益；如果對方只是橫加侮辱，盛氣淩人，且毫無事實根據，那麼這些對你也是毫無損失的，你盡可置之不理，這樣會更加顯現出你的人格。

有的人在與人合作中聽不得半點「逆耳之言」，只要別人的言辭稍有不恭，不是大發雷霆就是極力辯解，其實這樣做是不明智的，這不僅不能贏得他人的尊重，反而會讓別人覺得你不易相處。不輕易露出自己的不滿情緒，採取虛心、隨和的態度將使你與他人的合作更加愉快。

美國前總統羅斯福年輕時體力比不上別人。有一次，他與人到野外去伐樹，到晚上休息時，他們的領隊詢問白天各人伐樹的成績，同伴中有人答道：「塔爾砍倒五十三株，我砍倒四十九株，羅斯福用力咬斷了十七株。」這話對羅斯福來說可不怎麼順耳，但他想到自己砍樹時，確實和老鼠築巢咬斷樹幹一樣，不禁自己也好笑起來。

採取虛心、隨和的態度還會讓你在生活中贏得更多的快樂。我們看兩個例子。公車上人多，一位女士無意間踩疼了一位男士的腳，便趕緊紅著臉道歉說：「對不起，踩著您了。」不料男士笑了笑：「不，不，應該由我來說對不起，我的腳長得也太不苗條了。」哄的一聲，車廂裡立刻響起了一片笑聲，顯然，這是對隨和風趣的男士的讚美。

一位女士不小心摔倒在一家整潔的鋪著木地板的商店裡，手中的奶油蛋糕弄髒了商店的地板，便歉意的向老闆笑笑，不料老闆卻說：「真對不起，我代表我們的地板向您致歉，它太喜歡吃您的蛋糕了！」於是女士笑了，笑得挺燦爛。而且，老闆的熱情打動了她，她也就立刻下決心「投桃報李」，買了好幾樣東西後才離開了這裡。

是的，在生活中，人與人之間互相保持著一種隨和的態度，將會趕走你的不滿情緒，帶來更多的快樂。當然，採取這種態度也是有限度的。因為隨和不是放棄原則，遷就亦非予取予求。

誠然，能否很好的控制自己的不滿情緒，還取決於一個人的氣度、涵養、毅力。歷史上和現實中氣度恢弘、心胸博大的人都能做到有事斷然、無事超然、得意淡然、失意泰然。正如一位詩人所說：憂傷來了又去了，惟我內心的平靜常在。

5　適時微笑，生活更美

篇頭導讀：一位哲學家說：「生活像鏡子，你笑它也笑，你哭它也哭。」一個沒有笑的世界就如同人間地獄一樣。

人是有感情的，笑是人的本能，真誠的微笑可以縮短人與人之間的距離，也可以影響自己和他人的情緒。微笑不僅可以影響自己，也能感染他人，它可以消除人與人之間的隔閡誤會。所以說，微笑是好情緒的開始，微笑是天底下最美的語言，是人與人之間溝通的潤滑劑．它讓人與人之間不再有隔閡，讓人們擁有良好的情緒。

微笑還是取得成功的祕密武器，微笑是最美妙的事情，無論生活怎樣待你，只要微笑，都可以融化冷漠，增進與他人之間的感情。

紐約北郊曾住著一位名叫莎拉的女孩，她自怨自艾，認定自己的理想永遠實現不了。她的理想也就是每一位妙齡女郎的理想：跟一位瀟灑的白馬王子結婚，白頭偕老。莎拉整天夢想著，可周圍的女孩們都先後成家了，她成了大齡剩女，她認為自己的夢想永遠不可能實現了。

在一個雨天的下午，莎拉在家人的勸說下去找一位著名的心理學家。握手的時候，她那冰涼的手指讓人心顫，還有那淒怨的眼神，如同墳墓中飄出的聲音，蒼白憔悴的面孔，都在向心理學家暗示：我是無望的了，你會有什麼辦法呢？

心理學家沉思良久，然後說道：「莎拉，我想請你幫我一個忙，我真的很需要你的幫忙，可以嗎？」

莎拉將信將疑的點了點頭。

「是這樣的。我家要在星期二開個晚會，但我妻子一個人忙不過來，你來幫我招呼客人。明天一早，你先去買一套新衣服，不過你不要自己挑，你詢問店員，按照她的建議買。然後去做個髮型，同樣按照美髮師的意見辦，聽好心人的意見是有益的。」

接著，心理學家說：「到我家來的客人很多，但互相認識的人不多，你要主動幫我去招呼客人，說是代表我歡迎他們，要注意幫助他們，特別是那些顯得孤單的人。我需要你面帶微笑的幫我去照料每一個客人，你明白了嗎？」

莎拉一臉不安，心理學家又鼓勵她說：「沒關係，其實很簡單。比如說，看誰沒咖啡就端一杯，要是太悶熱了，開開窗戶什麼的。」莎拉終於同意一試。

星期二這天，莎拉髮型得體，衣衫合身，來到了晚會上。依照心理學家的要求，她盡心盡力，只想著幫助別人，她眼神活潑，笑容可掬，完全忘掉了自己的心事，成了晚會上最受歡迎的人。

最終，女孩與其中一位年輕人結合，日子雖然平凡卻很幸福。

微笑富有魅力，微笑招人喜愛。英國詩人雪萊說：「微笑，實在是仁愛的象徵，快樂的源泉，親近別人的媒介。有了笑，人類的感情就暢通了。」

不僅僅如此，笑是舒暢身心、排解不滿情緒的最有效方法。每天大笑幾次，則身爽氣舒，心曠神怡。馬克思說，一份愉快的心情勝過十劑良藥。有人曾編了一首《開笑散》：「一笑煩惱跑；二笑怒氣消；三笑窘事了；四笑病魔逃；五笑春常在；六笑樂逍遙。時常開口笑，壽比彭祖高。」笑能保持和營造一種樂觀向上的好心境，能保持內臟功能平衡、協調、解除緊張情緒，給人以舒適感，使人顯得神采飛揚。

清代有一個人得了病，頭痛、悲痛、茶飯無味、萎靡不振，吃了很多藥，也沒見效。有一天，他找來了一位著名的中醫替他看病。老中醫按脈良久，最後給他開了一張方子，讓他去按方抓藥。他趕緊來到藥鋪，遞上方子。沒想賣藥之人接過一看，哈哈大笑，說這方子是治婦科病的，名醫犯糊塗了吧？他趕忙去找那位名醫，但醫生卻早已經離開了。這時，他想到自己竟被一位名醫診斷為「月經失調」的婦女病，禁不住哈哈樂起來。這以後，每當想起這件事，他就忍不住要笑。他把這事說給家人和朋友，大家也都忍不住樂。後來，他終於找到了那位名醫，並笑呵呵的告訴醫生方子開錯了。名醫此時笑著說：「我是故意開錯的。你是肝氣鬱結，引起精神抑鬱及其他病症。而笑，則是我給你開的『特效方』。」他這才恍然大悟——這一個月，自己只顧笑了，什麼藥也沒吃，身體卻好了。

英國著名的化學家法拉第在年輕時，由於工作過度緊張，導致精神失調、身體非常虛弱，雖然長期進行藥物治療卻毫無起色。後來一位名醫對他進行了仔細的檢查，但未開藥方，臨走時只說了一句話：「一個小丑進城，勝過一打醫生！」法拉第對這句話仔細琢磨，終於明白了其中的奧祕。從那以後，他常抽空去看馬戲、喜劇和滑稽戲等，經常高興的發笑，就這樣，愉快的心境使他的健康狀況大為好轉。

在現代社會，工作與生活節奏越來越快，壓力也越來越大，這使很多人每天都處於緊張和煩惱之中。這時我們就需要讓笑充滿生活。偉大作家高爾基就說：「只有愛笑的人，生活才能過得更美好。」

6　轉移注意，矛盾自解

篇頭導讀：情緒的不穩定性決定了情緒的到來會顯得有些莫名其妙，但是也會很容易轉移出去，只要我們找到一個合適的轉移位置。

有時候我們的不滿情緒被誘發時，通常會無法控制。對於一向脾氣自制較差的人，不滿情緒可以占上風——什麼話，什麼行為都不去理會結果，只顧著一時的發洩。過後，往往後悔莫及。很多情感或者處事易衝動的人都會有這種經歷。

有人說，情緒如衝動，只是一時鑽進了死胡同的魔鬼，一定要歇斯底里才能釋放。除非那一刻能突然有什麼事或者人轉移注意力，要麼結果一定是兩敗俱傷。

很顯然，我們這裡強調的轉移注意力是緩解不滿情緒的一個好方法。我們先來看下面這一則故事：

有一頭騾子脾氣很大，一旦它脾氣上來，它的四條腿便會像上了釘子一樣，固定在地面，一動也不動，無論主人怎樣使勁鞭打，騾子還是堅持它固執的脾氣，一步也不肯向前走。

這天，一位老和尚和小徒弟就遇到了這樣的情況。

小和尚面對著不肯邁步的騾子，高高舉起了鞭子。這時，老和尚趕忙制止了他：「等一下，每當騾子鬧脾氣時，有經驗的主人，不會拿鞭子打它，那樣只會讓情況更加嚴重。」

小和尚忙問：「那該怎麼辦呢？」

老和尚說：「你可以從地上抓起一把泥土，塞進騾子的嘴巴裡。」

小和尚好奇的問：「騾子吃了泥土，就會乖乖的繼續往前走了？」

老和尚搖頭道：「不是這樣的，騾子會很快的把滿嘴的泥沙吐個乾淨。然後，在主人的驅趕下，才會往前走。」

小和尚詫異的說：「為什麼會這樣？」

老和尚微笑著解釋道：「道理很簡單，騾子忙著處理口中的泥土，便會忘了自己剛剛生氣的原因。這種塞泥土的做法，只不過是轉移它的注意力罷了！這個方法用在騾子身上有效，同樣也適用於人發脾氣的時候……」

的確是這樣的，情緒在很多時候其實只需要一個小小的缺口，就可以化解了。

有一位著名的詩人最近思路打不開，怎麼也衝不出思想的牢籠，這使他的情緒變得很糟糕。這天，他五歲的孩子怯怯的走過來說：「爸爸，你可以帶我到外面去玩嗎？」

詩人看著孩子純真的臉，想到自己這段時間對孩子的冷淡，不禁有些於心不忍，就答應了孩子。

他拉著孩子的手去外面的小樹林裡玩，一路上還是提不起精神。仍然想著自己為什麼會寫不出來東西的問題。孩子忽然指著前方問：「爸爸，那幾個字是什麼呢？」他一看，是一塊掩映在樹林裡的牌子，他告訴孩子是「陽光不銹鋼製品廠」。

孩子平時背成語背多了，就四個字四個字的念：「陽光不鏽，鋼製品廠」，然後疑惑的問他：「什麼叫陽光不鏽呢？」

陽光不鏽？詩人當場呆住了，心想，這是多麼有寓意的詞語。他不禁大叫一聲：「妙極了！」腦海裡一首詩馬上形成了。他又重新找回了自己的靈感，煩悶了多日的情緒也一掃而光。

故事中的詩人一直停留在一個問題上不肯放手，結果導致情緒越來越差。可是，沒想到一次無心的外出遊玩居然讓他找到了丟失的靈感，也重新恢復了平和的情緒。誰都沒有想到，當我們把目光轉移到那些細小的事情上時，居然會得到這麼大的收穫。

在心理診所的情緒治療過程中，醫生們發現了一個現象：一些情緒壓抑過久的人，往往會啃咬手指的辦法來減輕緊張情緒或者壓力。有一些患者為此很擔心，他們在公共場合或者比較嚴肅莊重的場合忍不住還會咬自己的手指，怎樣改變這種現象呢？

後來，心理專家們想了一個辦法：在患者的手指上纏了很多圈的細線，這樣，每當他們情緒緊張想咬手指的時候，就必須要慢慢的解下手指上的繩子，但解完繩子之後，通常患者就不會再想咬手指了。

繩子有這麼大的作用嗎？其實不是繩子的作用，而是解開繩子的動作產生了巨大的作用。在解開繩子的過程中，緊張的情緒就在這短短的時間裡得到了緩解。其實情緒正是這樣，它只是需要一個轉移的時間，就可以得到完全的解脫。

顯然，情緒的注意力是可以轉移的。當你陷入情緒裡無法自拔時，一定要提醒自己離開那個空間，去做一些事，比如喝杯水，比如吃個水果，或者打個電話給信任的人話說，或者情緒在無形中已恢復，而你也清醒過來，不會再被情緒掌控。

第八章　清除空虛，充實內心

6　轉移注意，矛盾自解

第八章　清除空虛，充實內心

空虛是一種內心的心理體驗，常常感到空虛的人，大多都活得不踏實，對人生和生活都懷有不切實際的期望和幻想，一直都在尋找追求目標卻沒有將行動落實到生活上。要想克服空虛心理，首先要自己認知自身的問題所在，然後再加以自我調適和克服。保持良好的心態，以實事求是的客觀態度去應對一切，那樣才能擁有一個充盈的精神世界，才能不被空虛和寂寞所困擾。

1　忙碌起來，遠離空虛

篇頭導讀：精神和內心的空虛對人們的身心健康最為無益，而在工作和生活中忙碌起來則是解救空虛的極好辦法。

在現實生活中，你有時也是不是會出現說不出的低落情緒呢？有時，你獨自一個人逛街，突然感到這種情緒來犯，讓你頓時對五光十色的街景失去了興致。有時候你跟一大群人在一起喝酒，當時很高興，可是在第二天早晨醒來時，你的感覺就像是要入地獄一樣難受。每當這種情緒籠罩在心頭時，你覺得跟周圍好像有道無法跨越的鴻溝，感到毫無生趣又有種沉沉的失落感。

也許，這時的你正在走入自己的心理黑洞——空虛。空虛是各種心理壓力中最無以名狀且捉摸不定的東西。而你如何與空虛奮戰呢？你甚至不知道該從何著手。這正是空虛讓人束手無策的地方。

我們先來看這則故事：

早晨，湯姆比平時晚起了半小時，因為他早就厭煩了這份工作，他已經不在乎什麼公司制度了。現在，他只是因為不得已才去上班的。

湯姆隨便的洗了臉，替自己倒了一杯咖啡，坐在軟軟的沙發上，開始收聽晨間新聞。新聞報導，又有一處礦井發生了爆炸案；某個國家的某地又遭到恐怖分子攻擊；某個明星因不幸從舞臺上掉了下來摔死了……

接著，湯姆開車擠上了交通阻塞的路（又是一大群晚起的湯姆）。汽車裡收音機的新聞比電視新聞來得有趣，因為主要都是地方新聞。現場播音員正在報導一起謀殺案，一起強姦案和一場無法控制的大火；然後是插播廣告，接著又繼續播送新聞……

湯姆到辦公室時，老闆早就在他的座位上等著他了，免不了又挨了一頓訓，不僅僅是因為他最近總是遲到、早退，主要是因為他的計畫方案做得一塌糊塗。老闆讓他重新做。

此時，已快臨近中午了，休息時間到了。湯姆和他的同事吃完午餐，坐在餐桌邊，邊抽菸，邊聊了起來。無聊的話題沒進行多久，湯姆感覺索味無然，就回到辦公室，把老闆讓他重做的計畫簡單改了改，丟在一邊，接著就打開一本小說。

總算撐到下班了，一天裡湯姆第一次覺得快樂些，因為他可以直接到酒吧裡去盡情發洩了。在燈紅酒綠的酒吧裡，湯姆喝酩酊大醉，也許這才是他想要的生活。

直到晚上十二點，湯姆才回到家裡，開始洗澡、刷牙……好不容易，湯姆筋疲力盡爬上床，臨了想到這一天唯一值得安慰的是：感謝上帝，明天是星期六，離上班還有兩天快樂的時間。

現在，讓我們來看看什麼是空虛呢？其實很簡單，空虛就是像湯姆那樣沒有了追求，沒有了寄託，沒有了精神支柱，內心世界一片空白，嚴重時就像行屍走肉一般。

空虛心理形成的原因：

1 物質生活和精神生活失衡。有些人每天忙著賺錢，卻不知道賺錢的目的是什麼，沒有想過自己是否真的需要那麼多錢。只用物質刺激來滿足精神上的低層次需求，沒有進一步提升自己的精神境界，從而產生空虛寂寞的感覺。

2　心存不切實際的幻想。常感到空虛的人，很可能是活得不踏實。有些人在生活中懷有不切實際的期望或目標，自己總是在生活中追尋些什麼，而沒有落實到生活本身，如此，不免常感到空虛。

3　缺乏正確的自我認識，對自我能力評價過低。當一個人對自身價值評價有誤，特別是當這種錯誤與現實生活衝突的時候，便很容易對外界事物做出以偏概全的判斷。

4　沒有理想，迷失自我。感到自己沒有奮鬥的目標或者覺得當前的努力不知為何而做，從而產生的精神上的空虛寂寞。一些人從早到晚不知道自己要做些什麼，自己的將來到底怎麼走。於是無聊造成心理上的營養失調，對自己的人生一片茫然。

5　對社會現實和人生價值存錯誤的認識。受不良社會風氣的影響，一些人喪失了正確的人生觀和價值觀。他們在「及時行樂」、「有錢就幸福」、「死後一切皆空」等錯誤觀念的影響下，放棄了努力，在沒有精神支柱支援的情況下，自然會感到空虛。

6　過度計較個人得失也很容易產生失落感、空虛感，以致「萬念俱灰」。

7　空虛感也常會在人們退休、離職、失戀、工作受挫、投資失誤、經濟拮据時乘虛而入，擾人心結，令人不知所措。

空虛就像是一個人內心的盲點，具有超強的吸力，人一旦被捲入這個盲點，整個人也就被空虛感所縛。

這時怎麼辦呢？專家的建議，忙碌起來是擺脫空虛的極好措施。因為當一個人的精力集中到工作中時就會有一種忘我的力量，並從工作中看到自身的社會價值，使人生充滿希望並解除不良心態的痛苦。

在忙碌之餘，我們還可以培養高雅的情趣，提升精神境界；樂觀的面對生活，在生活中尋找樂趣；用有意義的活動和習慣充實自己有助於消除空虛，如在工作之餘，少去酒吧、舞廳，可以回家看看書，栽種花卉，或者去野外郊遊、登山，參加一些體育鍛鍊等等。

2 愈加懶惰，愈加無趣

篇頭導讀：比爾・蓋茨說：「懶惰、好逸惡勞乃是萬惡之源，懶惰會吞噬一個人的心靈，就像灰塵可以使鐵生鏽一樣，懶惰可以輕而易舉的毀掉一個人，乃至一個民族。」

對於任何人而言，懶惰都是一種墮落的、具有毀滅性的東西。懶惰、懈怠從來沒有在世界歷史上留下好名聲，也永遠不會留下好名聲。懶惰是一種精神腐蝕劑，因為懶惰，人們不願意爬過一個小山崗；因為懶惰，人們不願意去戰勝那些完全可以戰勝的困難。

許多人一輩子空虛，不是因為他們的智力不如人家，而是因為他們不能克服自己的惰性，把一生的時光虛度過去了。懶惰的人把事情能拖就拖，今天的事留給明天，到了明天又推到後天，到了後天……

前不久，李妍的公司組織重整，考慮到她的身體不太好平時也有退休後好好休息一下的意思，公司就讓她提前辦了退休手續。她開心的說：「這下可以休息一下了，該輕鬆了。」大家以為李妍只是隨便說一說呢，誰知道她真的「輕鬆」起來了。

李妍的丈夫不久前剛調到外地工作，孩子也在外上大學。以前丈夫與孩子都在身邊時她覺得生活很充實，可是他們都離開之後，自己突然清閒了，大腦裡空白了、僵硬了，打不起精神來了，做什麼都覺得難受，還懷疑自己生病了等等。於是，她整天待在家裡，除了睡覺、看電視，還是睡覺、看電視，每天不睡到中午十二點就是不想起床。而且不愛打扮，也不想收拾家裡，吃飯也隨便吃；以前的同事邀請她外出逛商場，她嫌累；朋友邀請她去公園散步，她覺得沒有意思；親戚來家看望她，她也不再像以前那樣熱情招待了，而是買點冷凍水餃、買幾個涼菜，把親戚打發了事。

大家都感覺到了她的變化，可是又不好說什麼。一次，丈夫回公司開會，順便回家看看。晚上丈夫主動找她「親密」，她不像以前有激情了，表情冷冷的，一看就是應付了事。丈夫怎麼也想不明白，原來以為她休息在家體力充沛，人應該有精神呢，可是現在怎麼變成這樣了呢？

其實，了解李妍的人都知道她以前很勤快，家裡家外一手操持，早上五點準時起床給丈夫與孩子做飯、收拾家務，然後自己上班。到了公司也不閒著，把工作處理得井井有條、十分認真，從來沒有出現過差錯。下班趕快到菜市場買菜，為丈夫與兒子做飯。平時的衣服洗得乾乾淨淨的，熨燙得平平整整的。

丈夫試過許多辦法，希望李妍能夠恢復到原來的樣子，但是李妍依然懶懶散散。每次孩子與丈夫回家，家裡也不收拾，一副冷冷的表情。久而久之，丈夫終於受不了了，有了外遇，最終鬧得夫妻也做不成了。這樣的結果真是誰也不願看到的！

其實，李妍早點退休本不是壞事，以前工作、家務使她很辛苦，現在丈夫事業有成，孩子也如願上了大學，她休息一下也是應該的。可是，她不能及時調整好自己的心態，一下子變得懶散麻木，失去對生活的熱情，結果鬧成了現在的樣子。

人的懶惰心理一旦蔓延下去，意志力會喪失，人到最後就會變得特別空虛。李妍在退休之後，生活沒有了目標，於是消沉下去，產生懶惰的行為傾向並發展到了極點，對新事物、新思想、新理念不接受，最終整個人完全垮了。

俗話說「業精於勤荒於嬉」。懶惰的原因就是試圖逃避困難的事，圖安逸、怕艱苦積習成性。人一旦長期躲避艱辛的工作，就會形成習慣，並發展為不良性格傾向。

因此，那些生性懶惰的人不可能在社會生活中成為一個成功者，他們永遠是失敗者。成功只會光顧那些辛勤勞動的人們。懶惰是一種惡劣而卑鄙的精神重負，人們一旦背上了懶惰這個包袱，就只會整天怨天尤人、精神沮喪、無所事事。

有些人終日遊手好閒、無所事事，無論做什麼都不想花力氣、下工夫，但這種人的腦袋可不懶，他們總想不勞而獲，總想占有別人的勞動成果，他們的腦子一刻也沒有停止思考，他們一天到晚都在盤算著去掠奪本屬於他人的東西。正如肥沃的稻田不生長稻子就必然長滿雜草一樣，那些好逸惡勞者的腦子中就長滿了各式各樣的「思想雜草」。懶惰這個「惡魔」總是在黑夜中出現，它直視那些頭腦中長滿了這些「思想雜草」的懦夫，並時時折磨他們、戲弄他們；正義之神正是派遣這些惡魔來折磨那些懶惰、無所事事的人。

著名哲學家羅素指出：「真正的幸福絕不會光顧那些精神麻木、四體不勤的人們，幸福只在辛勤的勞動和晶瑩的汗水中。」只有懶惰才會使人們精神沮喪、萬念俱灰；也只有勞動才能創造生活，給人們帶來幸福和歡樂。任何人只要勞動就必然要耗費體力和精神勞動，也可能會使人們精疲力竭，但它絕對不會像懶惰一樣，使人精神空虛、精神沮喪、萬念俱灰。因此，一位智者認為，勞動是治療人們身心病症的最好藥物。

克服懶惰正如克服任何一種壞毛病一樣，是件很困難的事情。但是只要你有毅力與決心，懶惰遲早會被你趕跑的。只要持之以恆，你就一定會有一個燦爛的未來！

3 價值目標，定要明確

篇頭導讀：要排除空虛和失落，最重要的是明確自己的目標，然後必須一步步的實現，用忙碌與充實來戰勝空虛與失落。

一個人心中的空虛往往是在胸無大志、沒有追求、沒有理想的情況下，覺得自己的生活沒有意義而出現的；或者是理想不切實際，使自己難以實現。

下面的例子就是一個典型！

已過四十歲的姜淑芹在公務機關工作，一直過著簡單而充實的生活。丈夫在外工作，一年中只有一個月的時間在家。她不但精心照料孩子上學，而且只要丈夫一回家，她總是把丈夫侍候得體貼入微。所以，一家雖然過著長期分離的生活，但還是和和睦睦。然而，天有不測風雲，在一次不幸的車禍中，她的兒子去世了，這件事給了姜淑芹沉重的打擊。從此以後，姜淑芹感到很孤獨，覺得生活乏味，沒有意義，腦子裡一片空白，做什麼事都沒有心思，待在家裡感到無聊。她平時在家睡大覺，假日可以睡大半天，飯也不正常吃了，進進出出的沉默寡言，遇到鄰居也很少說話。在公司總是滿臉愁容，讓人琢磨不透，平時工作上的事，只要與自己沒有關係，基本上不過問，還喜歡胡亂猜想。

有一次，她下班時碰到了老同學，老同學強拉硬拽的把她帶進了一家舞廳。從此她對跳舞有了濃厚的興趣，上班也想著跳舞，也不怎麼關心丈夫了，根本就不參加集體活動，更不喜歡參加各種學習和會議。不高興時，什麼也不做，高興時也是一臉不自然的表情，讓人看著很不舒服。不但跳舞上了癮，她還學會了抽菸與喝酒，每天都要抽一包香菸，喝兩瓶啤酒，有幾次還喝醉躺在舞廳裡的沙發上睡著了。

姜淑芹的丈夫晚上多次打電話回家，家裡都沒有人接聽，白天打電話給她，她接電話也是有氣無力的，沒有了往日的溫存。丈夫感到有些奇怪，專門請假回家看望，才發現了她的變化。

好在丈夫非常理解姜淑芹的心情，他知道妻子心上的傷口需要自己去撫平，於是請求公司把自己調回來。丈夫每天騰出一些時間，陪姜淑芹散步，找話題與她聊天，共同回憶美好的過去；一起去看老朋友、老同學，看她以前喜歡的畫展，聽音樂會。丈夫還多次和姜淑芹一起回娘家，讓家人坐在一起談論以前的情景，回憶小時候好玩的遊戲，使她感受到了親人的溫暖。

丈夫還知道姜淑芹以前喜歡收藏古玩，就鼓勵繼續收藏。還利用星期天到古玩市場幫助她收集，她生日時也送給她很珍貴的古玩。在收集與整理古玩的過程中，她學習了很多知識，也學習到了很多做人的道理與知識。

一年過去了，姜淑芹逐漸從空虛的漩渦之中掙脫出來，現在她不進舞廳了，更不酗酒與抽菸了，工作之餘沉醉在收藏領域裡，生活變得特別充實。

可見，一個人發現自己有空虛之感時，及時調整自己的生活目標，建立一個符合自己實際的理想（哪怕這個理想對他人來說是微不足道的）是十分必要的。

當然，有的人樹立了一個不符合自己實際的目標，當他們在追尋這個目標過程中，會覺得這個目標沒有意義或者莫名其妙，這樣也會導致空虛無聊的產生。因此，你還應根據個人的實際情況，給自己一個合適的定位，制定出長期規劃和近期目標，以充實生活內容，這樣你就會覺得自己的工作及生活不再枯燥乏味。

如何實現這個目標呢？以下八個步驟可供我們參考：

1　列出目標。把你明年及今後五年想要從生活中獲取的東西寫下來，不管它們看上去有多麼的不現實，要包括你的夢想及目標。依照工作、家庭生活及休閒時間等專案分別列出三個不同的一覽表。

2 寫出行動計畫。勾勒出實現每一目標的步驟圖。比如，要寫一篇短篇小說，其行動計畫就可擬定為：選修一門課程；購買設備；營造創作空間；留出固定的時間。

3 重新考慮。檢查列出的目標，看看有無禁忌的或無法實現的。千萬別計畫用業餘時間來攻讀學位或花大量的時間待在家裡。目標可以定在獲取你所在地區的運動項目冠軍，但千萬別計畫去拿奧運金牌。

4 確認可能遇到的障礙。判斷什麼會妨礙你的工作，尋求解決的方法。例如，你若覺得人們會有太多的事占用你的時間，你可以採取在日曆上留出具體的時間，來專門處理家務及工作的方法加以解決。

5 把列出的目標排列成序。看看列出的一覽表，哪些分別是三個類別中最重要的目標，按照其重要程度排列成序，隨後，確定所有目標中哪個目標的實現對你最為重要。

6 獎勵自己。獎勵可以增加你的動力。考慮一下自己確實想要的東西，承諾一旦自己實現了艱難的目標就以此來獎勵自己。

7 內容要具體。改寫目標，把它們寫得更具體，可量化，最好要有時間限制。

8 設想最終的結果。在心中清晰的想像出你最終達到目標的情景。

4 良好習慣，杜絕空虛

篇頭導讀：不良生活習慣容易使人空虛，而良好的生活習慣則有助於人們擺脫空虛。生活中，總有一些人，他們腰纏萬貫卻依然感到空虛無聊，他們往往會用低層次的刺激來滿足自己精神需求。

有一位富翁向自己一個朋友傾訴說：「不瞞你說，我現在覺得活得特別沒意思，什麼都不想做，工作、女人、家庭，一切都激不起我的興致。你說這該怎麼辦呢？

「剛開始做生意時，簡直是拼命去賺錢，各大城市幾乎跑遍了。有時，為了賺錢，幾乎達到喪盡天良的程度。我曾經賣過假貨，騙過人家的錢，當然也沒少被別人騙過。手裡有錢了，首先想到的就是吃好、喝好、穿好、用好，然後就是布置自己的小家庭，房子布置得富麗堂皇，像宮殿一樣，也逛了一些『按摩中心』，接受過按摩女提供的特別服務……開始覺得很新鮮，也很刺激，可時間一長，便覺得這也沒什麼意思，就那麼一回事。

「沒錢時，拼命想賺錢，心想只要有了錢，便有了一切，別的根本管不了那麼多。可是賺了錢後，又不知該怎麼花，總覺得少點什麼。現在看來，人光有錢還不行。錢這東西，只能滿足物質上的享受，可精神生活的貧乏，卻很難靠錢來彌補。我認識許多生意人，都可謂是『有錢人』了。他們白天忙忙碌碌，看起來很風光，到了晚上，就到酒店、咖啡廳、歌舞廳這些地方，玩來玩去也都是那一套，真是錢包鼓了，心裡卻空落落的。

「交際廣了，朋友也多了，但每天重複的生活平淡又無趣，讓人備感空虛。有一天一位老友登門拜訪，住在我家。晚上我們兩個人聊得特別高興，這時朋友摸出隨身攜帶的毒品，在他一再引誘下，我接過了他遞過來的東西……

「我現在已經離不開這個東西了，一天什麼都不想做，只想抽上一口。我知道這不是什麼好東西，可是我已經沒法自拔了……」

就像這位富翁一樣，一些有錢人因為生活空虛，沒有目標，活得消極、頹廢。有的人酗酒成性，有的人吸菸成癮；晨昏顛倒或整夜失眠；吃飯沒有規律，餓一餐飽一頓或根本沒有食慾；沒有節制的瘋玩或封閉自己，不願意出門，不願意與人來往；還有的人習慣了不衛生，邋裡邋遢；不再自愛，隨便與異性交往，過今天不想明天……

這些都是對自己不負責任的表現。別讓自己的天空這麼灰暗，我們應該透過改變自己的想法和行為來改變自己的情緒，而不是放任自己。處於空虛之下，我們需要特別的照顧好自己。平時要少抽菸，少喝刺激性飲料，不碰這些東西最好（適量的紅酒除外）。

平時要培養高雅的情趣，提升精神境界，樂觀的面對生活，在生活中尋找樂趣。用有意義的活動和習慣充實自己有助於消除空虛，如在工作之餘，少去酒吧、舞廳這些讓人麻醉的地方，可以回家看看書，栽種花卉，或者去野外郊遊、登山，參加一些體育鍛鍊，甚至可以做義工為社會做些力所能及的事情。

當你遇到難以解決的問題或目標受阻時，你還可以透過繪畫、書法、音樂、雕刻等方式，使困擾的心境平靜下來，從空虛的狀態下解脫出來：人當有了新的樂趣後會產生一種新的追求，這就逐漸完成了生活內容的調整，並從空虛狀態中解脫出來，從而體會到生活的意義。

讀幾本好書也是填補空虛的好辦法。知識是人類經驗的結晶，是智慧的泉源。讀書可以幫助人們找到解決問題的方法，使人從寂寞和空虛中解脫出來。知識越多，人的心靈就越充實，生活也就越豐富多彩。可看一些名人的傳記，向他們學習，從而對前途與理想有一個正確的認識，樹立崇高積極的人生觀和價值觀。

5　努力探尋，生命意義

篇頭導讀：人類的生命無論在任何情況下，都有其意義。這種無限的人生意義，涵蓋了痛苦和瀕死、困頓和死亡。

關於生命的意義，仁者見仁，智者見智，人對它的渴求是極為強烈和迫切的。可以說，任何不尋找人生意義的生活，都不是人的真正的生活。只有追求人生的意義，生命之光才會昇華。

在人的社會實踐中，執著的追求，不懈的努力，遲早都會有所創造有所收穫，就像我們去積極努力工作一樣。工作就是意義，就是追求，因為心中憧憬著擁抱成功的希望。

豐子愷先生在《辭緣緣堂》一文中說得好：「只有希望中的幸福，才是最純粹、最徹底、最完全的幸福。」德國哲學家康德曾說過：「人們要想幸福，但人們想要值得的幸福。」但為什麼有些現代人總會迷失自我，變得越來越空虛呢？最主要是因為他們缺乏一種精神追求。

對於現代人來說，要有點精神，要有所追求，要有些挫折忍受力。「外面的世界很精彩，外面的世界很無奈。」這就要求我們面對現實、面對生活，「不以物喜，不以己悲」。無論在什麼地方，無論遇到什麼問題，都應該沉著冷靜，保持良好心態，以實事求是的客觀態度應對一切。

很多人遭到挫折以後會產生的一種失落、無奈、困惑之感，對自己的未來失去信心，因而處於牢騷滿腹的心理狀況，容易使人老氣橫秋，怨天尤人，長吁短嘆。如果血氣方剛，本應開拓事業、享受生活美好時光的年輕人，沾上了這個毛病，就會未老先衰，失去青春的活力，失去人生之樂趣。

那麼怎麼才能使人走出空虛的困境，成為一個真正充實的人？這可算是一門高深複雜的學問。一個空虛的人，看不見自己的前途，不知道生命的意義是什麼，或是覺得自己很瑣碎、卑微、無聊而又墮落，是永遠也不會從困境中走出去的。只有正確的對待生活，追求生命的意義，才能從空虛中走出來。

有一本書叫做《活出意義來》，作者奧地利精神醫學家維克多・弗蘭克告訴我們生命的意義是什麼。

他曾是二戰期間著名的納粹集中營的一名俘虜，他的雙親、兄長、妻子都死於集中營，只剩下他和妹妹。這樣一位歷經慘絕人寰遭遇，度盡劫難歸來的生還者，他對生命意義的追問，值得我們好好學習一下。他在書中寫道：「活著便是受苦，要活下去，任何人只要活著，就有理由去懷抱希望，不論經歷了什麼困境，便要由痛苦中找出意義來。」

弗蘭克認為，由無意義感和空虛感結合而成的生存空虛，是現代人們看不清或看不到生命意義的原因所在。無論處境多麼悲慘，每個人都有責任為自己的生命找出一個意義來。因為他的生命無法重複，也不可取代。生命的意義，就在於我們對生活的憧憬，對未來的追求。如果沒有了這個理想的支撐，那我們就會覺得活得空虛，毫無意義。

也許我們一生都將平凡度過，但能夠做到一生平淡如許，也是一件很了不起的事情。生命的意義要在平凡的生活、平常的事物中才能體悟和修正。佛有云：「平常心是道。」可見，平凡本身就是一種生活境界。

生活絕不是負擔，而是一種享受，無論怎麼樣，只有摯愛生活，追尋生命的意義，才能享受其中樂趣，才能擁有精彩的人生。

第九章　緩解心情，解除憂慮

人活在世上，或受客觀環境的影響，或受家庭、事業的影響等，難免會產生憂慮情緒。莎士比亞說過：「聰明人永遠不會坐在那裡為他的損失而哀嘆，而會用全部心思尋找辦法去彌補損失。」如果一個人沒有恐懼、沒有焦慮，總是能發揮自己的才能，總是能保持高昂的鬥志，那麼這個人就是自己的主人，就能夠掌握自己的命運，也就能把自己送上成功的大道。

1　憂慮過多，身心俱損

篇頭導讀：人不可背負太多的憂慮，把注意力和興趣投注到積極有意義的事上，人就會輕鬆許多，那些毫無意義的動作和思維就會隱退。

生活在這個世界之上，不可能每件事都盡如人意，每個人都會有不快樂或是心情不好的時候，但是如果持續太久，那就是憂慮了。

哲學家伯特蘭・羅素說：「人類還從來沒有像今天這樣如此多的憂慮，也從來沒有過如此多的原因可憂慮。」那究竟是什麼原因造成憂慮呢？

從心理學角度分析，在我們身邊發生著許許多多的事，外界有多得驚人的資訊和刺激如洪水般的湧向人們，而我們卻常常對這些並不在意。人的大腦會把那些並非必需的資訊濾掉，這樣才能把我們的注意力放在必需的資訊上。因此，令人不舒服的資訊，只有當它穿過注意的濾層，在意識的聚光燈下亮相時，才會產生令人不快的效果。只有當我們注意事物的負面時，我們才感到痛苦。

此外，對社會的期望過高、適應能力差、思想消極、過於敏感、自身遭遇等因素也會使人產生憂慮。

過度的憂慮有很多壞處：它會使我們的表情難看，會使我們咬緊牙關，會使我們的臉上產生皺紋，會使我們老是愁眉苦臉，會使我們頭髮灰白，有時甚至會使頭髮脫落。憂慮會使你臉上的皮膚產生斑點和粉刺。憂慮還會使一個女人老得更快，而摧毀她的容貌。

憂慮甚至會使最堅強的人生病。在美國南北戰爭時期，格蘭特將軍就發現了這一點。

當時，格蘭特將軍正圍攻里奇蒙，里奇蒙守將李將軍棄城逃亡，格蘭特乘勝追擊。由於劇烈疼痛和眼睛半瞎，他無法跟上部隊，停在了一家農戶前。

「我在那裡過了一夜，」後來，格蘭特在自己的回憶錄中寫道：「把我的雙腳泡在加了芥末的冷水裡，還把芥末藥膏貼在我的兩個手腕和後頸上。希望第二天早上能復原。」

第二天早上，格蘭特果然復原了。可是，使他復原的，不是芥末膏藥，而是一個帶回李將軍降書的騎兵。「當那個軍官（帶著那封信）走到我面前時，」格蘭特寫道：「我的頭還疼得很厲害，可是我看了那封信後，立刻就好了。」

顯然，格蘭特是因為憂慮、緊張和情緒上的不安才生病的，一旦在情緒上恢復了自信，想到勝利，病就馬上好了。

憂慮不但會造成身體上的傷害，更重要的是，它讓人的心理變得更加脆弱。

1　易讓人變得鬱鬱寡歡。憂慮的人常常會無緣無故、莫名其妙的焦慮不安、苦悶傷感，如果再遇上環境刺激時，就猶如「火上澆油」，進一步激發並加重憂愁和煩惱。一般來講，性格內向、心胸狹窄、任性固執、多愁善感、孤僻離群的人多帶有憂慮傾向。

2　易讓人變得緊張不安。憂慮的人感覺自己如同困獸，四處走動，想做點什麼，卻不知道該做什麼。有時，想逃出去的想法非常強烈，但是對逃到哪裡去，去做什麼卻不清楚。

另一方面，有些憂慮的人會變得反應遲鈍，若有所思，神情恍惚。

3　易表現出強烈而持久的悲傷。憂慮者總覺得心情壓抑和苦悶，並伴隨著焦慮、煩躁及易激怒等反應。在認識上表現出負性的自我評價，感到自己沒有價值，生活沒有意義，對未來充滿悲觀。還表現在對各種事物缺乏興趣，依賴性增強，活動水準下降，迴避與他人交往，並伴有自卑感，嚴重者還會產生自殺想法。

雖說是「人無遠慮，必有近憂」，然而凡事應有個尺度，切不可杞人憂天，終日憂心忡忡，無端悲愁。即使生活中確實發生了令人煩惱、焦慮的事情，我們也應振作精神積極面對，而不該整天悶悶不樂的就消沉下去。

2　萬能公式，戰勝憂慮

篇頭導讀：著名學者林語堂在他的《生活的藝術》裡這樣說過：「心理上的平靜能頂住最壞的境遇，能讓你煥發新的活力。」

生活中每個人都會遇到憂慮的事，可以說，憂慮是現代人的通病。

安居於家的家庭主婦，因為生活步調較簡單，閒暇時間較多，常會東想西想，自己製造許多憂慮的理由；上班族在「憂慮」一事上也爭先恐後，常擔心股市行情、年底加薪、人事升遷、同事之間之明爭暗鬥。再加上現在的經濟不景氣，裁員的聲音如風聲鶴唳，人心惶惶不能自保的怨聲，比比皆是，憂慮症更是普遍。

有人說：「不要憂慮，因為你的憂慮百分之九十是不會發生的，縱然真的發生，憂慮也不能解決問題。」

話雖如此，但是還是有那麼多的人義無反顧的去憂慮，我們應該怎麼去擺脫憂慮呢？美國「成人教育之父」戴爾・卡耐基向我們講述了威利・卡瑞爾如何解決憂慮的故事，值得我們參考。

威利・卡瑞爾是一個很聰明的工程師，當時，他要為一個造價幾百萬美金的工廠安裝一部瓦斯清潔機。這是一項新技術，他以前只使用過一次，而且情況大不相同。經過一番調整後，那臺機器終於可用了，可是沒有達到他們所保證的標準。他擔心了好一陣子，幾乎無法入睡。

「我對自己的失敗非常驚訝，這一挫折猶如當頭棒喝，把我給打暈了。我覺得非常不安，真是痛苦萬分，好長時間睡不著覺。

「後來我健康的理智提醒我，這種憂慮是多餘的。我開始平靜下來，考慮解決問題的辦法。這種強迫自己平靜下來的心理狀態非常有作用。二十多年來我一直遵循著這種方法，遇事都命令自己『不要激動』。這種方法非常簡單，任何人都可以學會。它總共分為三個步驟：

第一步，我毫不害怕而誠懇的分析整個情況，然後找出萬一失敗可能發生的最壞的結果。沒有人會把我關起來，或者我的老闆會把整個機器拆掉，使投入的兩萬美元泡湯。

第二步，找出可能發生的最壞的情況之後，我就讓自己在必要的時候能夠接受它。我對自己說，這次失敗，在我的紀錄上會是一個很大的污點，可能我會因此而丟差事。但即使真是如此，我還是可以另外找到一份差事。我馬上輕鬆下來，感受到這幾天來所沒有的一份平靜。

第三步：待心情平靜之後，即應把全部時間和精力投注到工作上，以儘量設法排除最壞的後果。我努力找出一些辦法，讓我減少我們目前面臨的兩萬美元損失。我做了幾次實驗，最後發現，如果我們再多花五千美元，加裝一些設備，問題就可以解決。我們照這個辦法去做之後，公司不但沒有損失兩萬美元，反而賺了一萬五千美元。

我要是當初繼續苦惱下去的話，後來絕對不會取得這樣好的結果，因為苦惱只會破壞我們集中思維的能力，我們的思維會因為苦惱而不能專心致志，我們也會因此而喪失當機立斷的能力。然而，當我們強迫自己面對最壞的情況，而在精神上接受它之後，我們就能夠衡量所有可能的情形，使我們處在一個可以集中精力解決問題的地位。

我剛才所說的這件事，發生在很多很多年以前，因為這種做法非常好，我就一直使用著。結果呢，我的生活裡幾乎完全不再有煩惱了。」

這就是威利・卡瑞爾的萬能公式，那為什麼威利・卡瑞爾的萬能公式如此管用、從心理觀點看又具有這麼大的實用價值呢？因為它能驅散由恐懼造成的迷霧，避免我們盲目的摸索。它教導我們要兩腳著地，明白自己所處的情況。如果兩腳懸空，我們怎麼還能夠認真思索事情呢？

因此，當你遇到憂慮的事時，你應該像威利・卡瑞爾那樣做三件事就能解決問題了：

第一件事：想出你所能想到的最壞結果。

第二件事：想辦法去接受它。

第三件事：盡你最大的努力去將損失最小化。

只要我們能冷靜的接受最壞的情況，那麼我們就沒有任何東西可以再失去的了。這自然就意味著我們會贏得一切。當我們準備心甘情願的接受最壞情況以後，我們立即就會感到輕鬆，心中就會變得平靜。

3 破解憂慮，謎底自曉

篇頭導讀：如果我們把憂慮的時間用來分析和看清事實，那麼憂慮就會在我們智慧的光芒下消失。

有人也許會問：現代人精神異常的原因是什麼？也許沒有人知道全部的答案。可是在大多數情況下，極可能是由於恐懼和憂慮造成的。憂慮和煩躁不安的人，多半不能適應現實的世界，而跟周圍的環境斷了所有的關係，縮到他自己的夢想世界，藉此解決他所有的憂慮問題。

事實上，威利·卡瑞爾的萬能公式並不能解決全部憂慮問題。那麼，怎樣才能解決所有令你憂慮的問題？亞里斯多德曾提出以下三種分析問題的基本步驟，來解決各種不同的困難。這三種步驟是：

第一，看清事實

首先我們必須看清事實，因為如果不了解事實真相，我們就不能明智的思考問題；不了解情況的思考是無謂和盲目的。

已故的哥倫比亞大學哥倫比亞學院院長郝伯特・赫基斯認為：「混亂是產生憂慮的主要原因。世間一半以上的憂慮，其實都是人們還沒有把事情搞清楚就匆忙作出決定而產生的。」他還發覺，一旦我們有足夠的時間對情況作客觀的、公正的了解和分析，我們就能逐漸弄清事實真相，煩躁的心情也就隨之煙消雲散了。

第二，分析事實

看清事實之後，我們就要加以分析，否則，即使把全世界所有的事實都收集起來，如果不加以分析，對我們也沒有絲毫好處。

事實證明，把所有的事實寫下來，再做分析，事情就會容易得多。實際上，光是在紙上把問題明明白白的寫出來，就可能有助於我們做出一個合理的決定。正如美國著名科學家查理斯・吉特林所說的：「只要能把問題講清楚，問題就已經解決了一半。」

採取以下四個步驟，就能消除你大部分的憂慮：

1　清楚寫下我所擔心的是什麼？

2　寫下我可以怎麼辦。

3　決定該怎麼辦。

4　馬上就照決定去做。

第三，作出決定並付諸行動

這一步是最關鍵的。除非我們能夠立即採取行動，否則我們收集事實和加強分析都失去了作用——變得純粹是一種精力的浪費。

威廉・詹姆士說過：「一旦作出決定，當天就要付諸實施，同時要完全不理會責任問題，也不必關心後果。」詹姆士這句話的意思我們可以進一步理解為：人們一旦作出了符合事實的正確決策之後就得馬上行動，不能停下來重新思考，不能猶豫、膽怯，不能因為懷疑自己而失去勇氣，也不能左顧右盼而畏縮不前。

美國奧克拉荷馬州有一位名叫懷特・菲利浦的石油商人，他是這樣把決心付諸行動的。他說：「我發現，如果超過某種限度之後，還一直不停的思考問題的話，一定會造成混亂和憂慮。當調查和多加思考對我們仍無益的時候，也就是我們該下決心、付諸行動、不再回頭的時候。」

其實，我們也可以利用格蘭・里區菲的方法來解除你的憂慮：

1 我擔憂的是什麼？（寫出你的答案）

2 我能怎麼辦？（寫出你的答案）

3 我決定怎麼做？

4 我什麼時候開始行動？

也許有人認為上面的方法太簡單了，但是亞里斯多德也使用過。我們如果想解決那些令人厭煩的憂慮問題，我們就必須運用它。

4 就讓憂慮，到此為止

篇頭導讀：在生活中，我們應該學會對自己說：「這件事情只值得我擔一點點的心，沒有必要去操更多的心。

生活中，有多少人還在為一些已經過去的事惋惜、沮喪和痛苦；又有多少人還在擔心著明天、後天或者不可能發生的事情；還有多少人為眼前的事情困惑、憂傷和熬煎。這些無謂的憂慮，消耗了我們多少寶貴的聰明才智，消耗了我們多少寶貴的時間。

有一位患者訴說他的憂慮：早上起床，他剛想打開窗子透透氣，突然想起城市空氣污染的嚴重狀況，而呼吸這樣的空氣可能致癌。他端起一杯咖啡，卻突然記起健康專家的忠告，喝過量的含咖啡因的飲料會引發心臟病。他走下樓梯，眼前又突然出現一個月前鄰居不慎摔死在樓梯上的情景。就這樣，時時刻刻都可能發生的危險使他心中充滿恐懼。

事實上，當你察覺到恐懼、憂鬱的思想侵入你的心中時，你必須立刻讓你的心中充滿各種希望、自信、愉快的思想，不要坐視這些剝奪你幸福的敵人在你心中盤踞起來，立刻把那群魔鬼驅逐出你的心靈！

心理學家指出，比較建設性的做法能夠改變看事情的角度，不過一般人除非接受心理治療，很少應用這個方法。譬如說結束一段感情總是很傷感的，很容易讓人陷入自憐的情緒（深信自己從此將孤獨無依），以致愈來愈絕望。但你也可以退一步想想這段感情其實也不是很美好，你們的個性其實並不適合。

經研究發現，女性利用吃東西治療悲傷的比率是男性的三倍，男性訴諸飲酒的比率則是女性的五倍。暴飲暴食或酗酒當然都有很大的缺點，前者會讓人懊悔不已，後者有抑制中樞神經的作用，只會使人更憂鬱。

如果我們能夠學會讓憂慮「到此為止」，那麼結果可能會比我們想像的要好得多。

托爾斯泰娶了一個他非常鍾愛的女子，他們在一起非常快樂，可是後來兩人卻彼此交惡。托爾斯泰發現妻子嫉妒心非常強，常常跟蹤他，兩個人為此吵得不可開交。這女子忌妒托爾斯泰婚前交往的女人、弟子、崇拜者，甚至還忌妒取代自己抄寫托爾斯泰文稿的女兒。她還一哭二鬧三上吊。

這時的托爾斯泰採用了一種沉默了方式來對抗。他拒絕與妻子交流，他與妻子彼此贈恨，同時他記了一本私人日記，在那裡，他記下了妻子所有的錯，努力要讓下一代原諒他。他妻子呢？她也寫了一本日記，將丈夫描寫成一個破壞家庭的人，而她自己則是一個犧牲品。

結果，他們把唯一的家，變成了托爾斯泰自稱的「一座瘋人院」。這四十八年的光陰他們就像生活在可怕的地獄裡，如果當時兩個人只要其中一個肯說一句：「不要再吵了，到此為止吧，我們不要再把生活浪費在無謂的爭吵裡」。其結果一定會好得多。

這也正是十九世紀最受歡迎的輕歌劇音樂家吉爾伯和蘇利文的悲哀：他們知道如何創作出快樂歌詞和歌譜，可是完全不知道如何在生活中尋找快樂。他們寫過很多位世人非常喜悅的輕歌劇，可是他們卻沒有辦法控制他們的脾氣。他們只不過為了一張地毯的價錢就爭吵了好多年。

現代社會生活節奏加快，競爭激烈，人際關係錯綜複雜，人們的身心負荷大大加重，緊張、憂鬱、焦躁、疲乏等心理疾病，成為不可忽視的重大問題。

有人以為，現在每一百個人當中，就會有一個人面臨精神崩潰，主要原因就是憂慮和感情衝突。在找醫生看病的人中，有百分之七十的人只要能消除他們的恐懼和憂慮，病自然就會好起來。

如果我們以生活為代價，付給憂慮太多太多的話，我們就是大傻瓜。學會給憂慮設個界限，讓它有始有終。許多有才華的人，他們為推動人類的進步做出了巨大的貢獻，留下了寶貴的文化遺產。這並不代表他們就能懂得如何在生活中尋找快樂，有的一生都在憂慮的情緒中度過。

當你遇到一件比較煩心的事情時，你可以告訴自己：「這件事情只值得我擔這麼一點點心，一切到此為止，再也不多想一分了。」

5　忙碌工作，無暇憂慮

篇頭導讀：卡耐基強調指出：「讓自己不停的忙著，不要去費心憂慮，而讓自己沉浸在工作裡，否則只有在絕望中掙扎。」

人在什麼時候最容易憂慮呢？人最容易受憂慮傷害的時候，不是在你最忙的時間，而是在你最閒的時間。那時你的想像力會混亂起來，使你想到各種荒誕不經的事情，把每一個小錯誤都加以誇大。在這種時候，你的思想就像一輛沒有載貨的車子，橫衝直撞摧毀一切，甚至把你自己也撞成碎片。

老何過去是一個企業的主管，工作非常累，而且和家人也沒有多少時間相處。由於工作責任，雖然他厭倦了這樣的生活也只能一忍再忍，總想著：熬到退休就好了，我就可以輕鬆啦。

終於到了退休的年齡，老何先是在家裡大睡了兩天，把過去沒睡夠的覺都補回來。但幾天以後，他整個人都變了，工作時候的他雖然累但是一天還是神采奕奕的，現在退休在家後就好像失去了主心骨一樣，精神上沒了寄託，整天在家裡顯得很無聊，老伴叫他出去爬山鍛鍊他也沒興趣，唯一的愛好就是喜歡打麻將。有時麻將要打到凌晨兩點甚至四、五點鐘才回來。漸漸的，老何連上樓梯腿腳都已無力。

對於像老何這樣忙碌了很久，想歇一歇好好享受享受生活的人來說，做這樣的「懶人」並非會讓他得到享受和放鬆，只會在心理和生理上加劇衰老。

消除由這種情況導致憂慮的最好辦法就是，讓你自己忙著沒有時間憂慮。一般來說，在圖書館、實驗室從事研究工作的人很少因憂慮而精神崩潰，因為他們沒有時間去享受這種「奢侈」。

「沒有時間去憂慮」是邱吉爾在戰事緊張到每天要工作十八個小時的時候所說的。當別人問他是不是為那麼重的責任而憂慮時，他說：「我太忙了，我沒有時間去憂慮。」

原通用公司的副總裁柯特林先生負責公司的研究工作，當年他窮得要用穀倉裡堆稻草的地方做實驗室，家裡的開銷，都得靠他太太教鋼琴所賺來的一千五百美金。後來，他又跑去用他的人壽保險做抵押借了五百美金。在那段時期，他的太太非常憂慮和擔心。她有時擔心得睡不著覺，可是柯特林先生一點也不擔心。他整天埋頭在工作裡，沒有時間去憂慮。

為什麼「讓自己忙著」這麼一件簡單的事情，就能夠把憂慮趕出去呢？這是因為，人不可能在同一時間內想幾件事，如果在同一時間你很忙，腦子裡專注於你正在做的這件事，就不會胡思亂想，其中也包括憂慮在內。讓我們來做一個實驗：假設你現在靠坐在椅子上，閉起兩眼，試著在同一個時間內去想：自由女神；你明天早上打算做什麼事情。

你會發現你只能輪流想其中的一件事，而不能同時想兩件事情。對你的情感來說也是這樣。我們不可能既激動、熱誠的去想一些很令人興奮的事情，又同時因憂慮而疲累下來。這樣一種快樂向上的感覺就會把悲觀憂慮的感覺趕出去。

因而，我們想要克服憂慮就不要去想那些讓自己憂慮的事情，在手掌心裡吐唾沫，讓自己忙起來，你的血液就會開始循環，你的思想就會開始變得敏銳——讓自己一直忙著，這是世界上最便宜的一種藥，也是最好的一種。

不管什麼時候都有許多事情要做，要克服憂慮你不妨從遇到的隨便一件事入手。不要在意是什麼事，關鍵在於打破遊手好閒的壞習慣。換個角度說，假如你要躲開某項雜務，你就要立即從這項雜務入手。要不然，這些事情還是會不停的困擾你，使你厭煩而不想動手。

6　勿為小事，手足無措

篇頭導讀：不要讓自己因為一些應該丟開和忘記的小事煩心，要記住：「生命太短促了不要再為小事煩惱。」

在我們的生活中，總會遇到一些不如意的事情。在我們每個人的心目中，也會本能的將遇到的事情分為大事、小事。而很多時候我們經常在為一些小事沮喪，我們總是專注於一些小問題和憂慮，從而把問題過度放大了。

很多人可能都知道「不要為打翻的牛奶哭泣」的故事：在紐約的一所中學裡，保羅博士拿了一瓶牛奶在實驗室裡講課。他故意把牛奶打翻在水槽中，然後叫學生到水槽前看一看並教育他們：遇到挫折時不要沮喪而是把它忘記，然後注意下一件事。

「不要為打翻的牛奶哭泣」這句話包含了深刻的哲理，過去的已經過去，不能重新開始，不能從頭改寫。為過去哀傷，為過去憂慮，除了勞心費神、分散精力之外沒有一點益處。

不要讓自己因為一些應該丟開和忘卻的小事煩心。很多其他的小憂慮也是一樣，我們不喜歡那些，結果弄得整個人很沮喪，只不過因為我們都誇張了那些小事的重要性……

一個女孩遺失了一塊心愛的手錶，一直悶悶不樂，茶不思、飯不想，甚至因此而生病了。

神父來探病時問她：「如果有一天你不小心掉了十萬塊錢，你會不會再大意痛失另外二十萬呢！」

女孩回答：「當然不會。」

神父又說：「那你為何要讓自己在掉了一塊手錶之後，又丟掉了兩個禮拜的快樂？甚至還賠上了兩個禮拜的健康呢？」

女孩如大夢初醒般跳下床來，說：「對！我拒絕再損失下去，從現在開始我要想辦法，再賺回一塊手錶。」

果然，她努力打工，又買回了一塊更加喜愛的手錶。

人生不如意的事很多，憂慮在所難免，但我們切不可沉溺於憂慮的泥潭中不能自拔。而應儘快調整心態，採取積極的行動來改變已遭到改變的生活！

其實，我們要克服一些瑣事引起的憂慮和煩惱，只要把看法和重心轉移一下就可以了——讓你有一個新的、開心點的看法。

美國的一位老海軍曾回憶說：「一九四五年三月，我在中南半島附近兩百七十六英尺深的海下，學到了一生中最重要的一課。當時，我正在一艘潛水艇上。我們從雷達上發現一支日軍艦隊——一艘驅逐護航艦、一艘油輪和一艘布雷艦正朝我們這邊開來，我們發射了三枚魚雷，都沒有擊中。突然，那艘布雷艦直朝我們開來（一架日本飛機把我們的位置用無線電通知了它）。我們潛到一百五十英尺深的地方，以防被它偵察到，同時做好應付深水炸彈的準備，還關閉了整個冷卻系統和所有的發電機器。

「三分鐘後，日本的布雷艦開始發射深水炸彈，天崩地裂，六枚深水炸彈在四周炸開，把我們直壓到海底兩百七十六英尺的地方，深水炸彈不停的投下，整整十五個小時，有二十幾枚炸彈就在離我們五十英尺近處爆炸，如果深水炸彈距離潛水艇不到十七英尺的話，潛艇就會被炸出一個洞來。當時，我們奉命靜躺在自己的床上，保持鎮定。我嚇得無法呼吸，不停的對自己說：『這下死定了』，潛水艇的溫度幾乎有攝氏四十多度，可我卻全身發冷，一陣陣冒冷汗。十五個小時後，攻擊停止了。

顯然，那艘布雷艦用光了所有的炸彈後開走了。這十五個小時，我感覺好像是一千五百萬年。我過去的生活一一在眼前浮現，我記起了做過的所有的壞事和曾經擔心過的一些很無聊的小事，我曾擔憂過：沒有錢買自己的房子，沒有錢買車，沒有錢給妻子買好衣服。下班回家，常常和妻子為一點芝麻小事而吵嘴。我還為我額頭上一個小疤——一次車禍留下的傷痕發愁。多年之前，那些令人發愁的事，在深水炸彈威脅到生命時，顯得那麼荒謬、渺小。我對自己發誓，如果我還有機會再看到太陽和星星的話，我永遠不會再憂愁了。在這十五個小時裡，我從生活中學到的，比我在大學念四年書學到的還要多得多。」

生命太短促了，我們不能再只顧小事！我們活在這個世上僅有短短的幾十年，而我們浪費了許多不可能再補回來的時間，去愁一些在一年之內就會被所有的人淡忘了的小事。不要這樣，讓我們把精力只用在值得的事情上，因為生命太短促了。

7 疲勞之前，先行休息

篇頭導讀：不知你是否有這樣的感覺，許多時候我們的疲勞並不是因為工作，而是因為憂慮、緊張或不快的情緒。

身體過度疲乏常常會使我們失去心理平衡，從而使我們的心情極不愉快。所以醫生們說，過分的勞累會減少我們對感冒和其他多種疾病的抵抗能力，而每一個神經科醫生也都知道，疲勞也容易造成人們的恐懼心理和心情的不安。因此我們可以這樣說：防止疲乏和勞累，從某種意義上說也可以防止心理平衡的失調。

發現自己很苦悶、很疲憊的時候，可以先找個可以傾訴的人。與此同時，休息一下或者放慢速度，靈活的急剎車也至關重要。只有那些正在苦惱的人容易告誡並鞭策自己「不能洩氣，不能服軟，不能玩耍，必須要努力」，他們根本不會休息或享受生活。

程女士是一個個人經營的批發商，近來一段時間經常頭痛，有時頭暈目眩直想吐，月經也變得不正常了，每月只要一到月經前後，她就更是心煩意亂。壓抑、憂鬱的病痛壓得她喘不過氣來，她感覺活得太苦太累太沒意思，多少次她在茫茫無望中想到了死……

事情的起因要從一九八零年說起。那年程女士以五分之差沒有考上大學，但機遇待她還算不薄，年底她就以總分第三名的成績，被招募進一家效益頗好的大型國營企業，第二年又在職進修學習兩年。兩年結業後，她被分到當時最熱門的銷售科。她為主管對她的信任而自豪，全身心的投入到工作中，年年都出色的完成交給她的各項任務。

那時，雖然她每天起早貪黑、沒日沒夜的工作，工作又苦又累，但她感到非常滿足。然而到了二十世紀八零年代末，他們的產品開始滯銷，而且一年不如一年；到一九九一年，工廠已處於半停產狀態，工人一批批被迫放假回家；到一九九五年夏天，工廠完全停產，她也成了最後一批離職員工。

程女士離職後，家裡生活也還過得去，丈夫也勸她好好在家休息一段時間。但過度的清閒卻讓程女士很不適應，在家坐立不安，憂鬱、無奈時時纏繞著她。她唯一的指望是能讓她早日復工。誰知半年後盼來的結果是工廠被租走，人家根本就不用原來的工人。

回工廠上班的希望破滅了，程女士於是在丈夫的支持下自己開了店，苦累不說，令她最感到不是滋味的是以前工作都是別人來求她，可如今她卻每天得賠著笑臉去求別人，去迎顧客。以前她根本就瞧不起那些小商販，認為他們是那樣俗氣，為了錢斤斤計較，爾虞我詐，現在自己也變成了那種小商販，每天不得不為了一點錢的事與人計較。

一般來說自己開店怎麼樣也比上班要賺得多，但就是心理高興不起來，總有種不想做的念頭。但這時已投入了不少資金，而且，兒子很快就要初中畢業，念高中少不了要一大筆錢，因而她心理雖然極不想做，卻又不得不起早貪黑的做。她不僅經常感到心煩，還常常失眠，有時一陣陣的想哭。雖然她去看過幾次醫生，服過安眠藥和補心安神的中藥，卻沒有什麼效果。

就這樣她氣色一天不如一天，每天心神不定，覺得困倦無力、打不起精神……最後，幾乎絕望的程女士抱著一線希望求助了心理醫生。

心理醫生為程女士做了詳細的心理檢查，發現她是由於過度疲勞導致了憂慮。

因此，我們強調，防止疲乏和內心不安的第一條原則應當是休息。在身體還沒有過度勞累之前，一定要休息。因為疲勞容易使人產生憂慮，或者至少會使你較容易憂慮。任何一個還在學校裡學醫的學生都會告訴你，疲勞會減低身體對一般感冒和疾病的抵抗力；而任何一位心理治療家，也會告訴你，疲勞同樣會減低你對憂慮和恐懼等等感覺的抵抗力，所以防止疲勞也就可以防止憂慮。

「休息並不是絕對什麼事都不做；休息就是修補。」在短短的一點休息時間裡，就能有很強的修補能力，即使只打五分鐘的瞌睡，也有助於防止疲勞。愛迪生認為，他無窮的精力和耐力，都來自他能隨時想睡就睡的習慣。

因此，要防止疲勞和憂慮，常常休息，在你感到疲倦之前就休息。下面這位女士就做得非常好。

她經常把去國外出差的飛機當作放鬆的場所，因為在那裡她可以或是安靜的寫作，或是看電影而潸然淚下，或是一個人靜靜的發呆。

她是一家公司的高級主管，同時她也是一個大家庭的主婦，她有一個年老需要照顧的婆婆。丈夫雖然也不錯，但觀念卻極其傳統，他認為所有的家務本來就應由妻子一人承擔。她說也不是因為苦於在大家族中搞不好人際關係，只是她本身就承擔著很多責任，在那種氛圍裡也不好說自己很累。

於是她就經常以看病為由到國外，雖然也看病，但主要是到妹妹家住一個星期。這對她來說是一個很好的休息。作為一個家庭主婦，很難張口說：「我要去旅行」或者「我想休息一段時間」，而「看病」就是一個非常好的出去放鬆的藉口。

這位女士把自己的身心平衡掌握得很好，可以保證自己有一個很好的精神狀態，可以說她已經成功的掌握了心靈自制力的要領。

在平常就想好一些休息的理由，放鬆的方法，有助於較好的發揮心理的力量。方法則是因人而異，你也試著找找合適自己的吧。

第十章　把脈情緒，綜合調適

現代社會紛繁複雜，瞬息萬變，人們生活在當今這個物欲追求日益膨脹，人際關係也越來越微妙、複雜的社會之中，必然會受到各式各樣的刺激，會遇到許許多多意想不到的挫折。如果不能做到自我控制和自我調適，就會產生心理失衡，造成心理障礙。但如果你能做到：誠實做人，認真做事，奉獻社會，享受人生，您就是一個活得精彩的人。

1　管好情緒，快樂永駐

篇頭導讀：情緒是一把雙刃劍，如果不會有效的運用和管理，你就永遠不知道下一步它會給你帶來什麼。

如果一個人早上起來心情非常好，儘管有很多繁重的工作需要處理，生活中的小事不斷，雖然忙碌，但這一天也會過得很開心；反過來，如果他的心情很沮喪，哪怕日子再悠閒，有趣的事情再多，也會覺得無聊透頂。

顯然，一個人的情緒左右著他的生活，直接影響著這個人的生活品質。這時就要求我們對自己的情緒進行深層的管理。國際情緒壓力大師李中瑩認為，情緒是可以管理的，當我們改變觀念思想，當我們找到負面經驗的正面價值，當我們在突破自己中找到提升能力的感覺，我們完全可以變得更加成功快樂。

法國有一位名叫布克原的天主教徒。一五三六年，他因反對羅馬教廷的刻板教規，被捕入獄。他原是一位鐘錶大師，入獄後，被安排製作鐘錶。在那個失去自由的地方，不管獄方採用什麼樣的高壓手段，他都不能製作出日誤差低於十分之一秒的鐘錶。可是，入獄前，在自己的工作坊裡，他的鐘錶可以精確到日誤差低於百分之一秒。

難道是技藝隨著時間的流逝而消失了嗎？並不是這樣。當他越獄逃往日內瓦，重新開始自由幸福的生活的時候，他驚喜的發現，他又可以製作出誤差低於百分之一秒的鐘錶了。

原來，真正影響鐘錶準確度的不是環境，而是製作鐘錶時的情緒。情緒有著天使與魔鬼的雙重身份，管理恰當，會為我們的事業錦上添花；管理不當，又會使我們的事業生活一塌糊塗。

管理自己的情緒，說起來簡單，做起來難。最重要的是要有管理情緒的理念，解鈴還需繫鈴人，情緒源於我們自身，那麼消除負面情緒的「解藥」一定掌握在我們自己的手中。

有一則小故事：由於天候不佳，班機時間改變，有許多人在機場擠在櫃檯前，亂成一團。有一個很胖的男人拿著行李過來，大聲的跟櫃檯人員說，他是頭等艙的客人，一定要馬上處理他的問題，結果櫃檯小姐請他去排隊。

這個人很不客氣的冒出一句：「你知道我是誰嗎？」這時，這位櫃檯小姐利用廣播向所有正在排隊的人說：「這裡有位先生不知道他是誰，有沒有誰可以告訴他呢？」沒想到，這個粗魯的人開口就罵人。這位勇敢的小姐冷靜的回說：「你還是得排隊！」

一般人被罵往往會相當氣憤，但這位小姐能夠管理自己的情緒，處理一件可能引發衝突的事件，也同時達成了她的工作使命。

在現實生活中，只要我們學會一定的方法，也可以將情緒管理得很好。

1　體察自己的情緒

你要時時提醒自己注意：「我現在的情緒是什麼？」例如，當你因為朋友約會遲到而對他冷言冷語，問問自己：「我為什麼這麼做？我現在有什麼感覺？」如果你察覺你已對朋友多次遲到感到生氣，你就可以對自己的生氣做更好的處理。

有許多人認為「人不應該有情緒」，所以不肯承認自己有負面的情緒。要知道，人一定會有情緒的，壓抑情緒反而帶來更不好的結果，學著體察自己的情緒，是情緒管理的第一步。

2　適當表達自己的情緒

我們繼續以朋友約會遲到的例子來看，你之所以生氣可能是因為他讓你擔心。在這種情況下，你可以婉轉的告訴他：「你過了約定的時間還沒到，我好擔心你在路上發生意外。」試著把「我好擔心」的感覺傳達給他，讓他了解他的遲到會帶給你什麼感受。

什麼是不適當的表達呢？例如，你指責他：「每次約會都遲到，你為什麼都不考慮我的感覺？」當你指責對方時，也會引起他負面的情緒。他會變成一隻刺蝟，忙著防禦外來的攻擊，沒有辦法站在你的立場為你著想。他的反應可能是：「路上塞車嘛！有什麼辦法，你以為我不想準時嗎？」如此一來，兩人開始吵架，別提什麼愉快的約會了。如何適當表達情緒真的是一門藝術，需要用心的體會、揣摩，更重要的是，要確實用在生活中。

3　用合適的方法緩解情緒

緩解情緒的方法很多，比如說，有的人會寫信，這也是很常用的方法。當你很氣某個人時，你可以拿筆在紙上寫道：某某是世界上最大的混蛋……把你能想到的最惡毒的話通通寫下來。寫完之後就把信放在桌子上，第二天早上你再看，你會覺得很可笑。

你還可以弄個沙袋，然後自己用力打沙袋，把怒氣都發洩出去。此外，有些人還會痛哭一場，有些人找三五好友訴苦一番，還有一些人會逛街、聽音樂、散步或逼自己做別的事情以免老想起不愉快。

要提醒大家的是，緩解情緒的目的在於給自己一個理清想法的機會，讓自己好過一點，也讓自己更有能量去面對未來。如果緩解情緒的方式只是暫時逃避痛苦，爾後需承受更多的痛苦，這便不是一個合宜的方式。有了不舒服的感覺，要勇敢的面對，仔細想想，為什麼這麼難過、生氣？我可以怎麼做，將來才不會再出現這樣的情況？怎麼做才能降低我的不愉快？這麼做會不會帶來更大的傷害？

從這幾個角度去選擇適合自己且能有效紓解情緒的方式，你就能夠控制情緒，而不是讓情緒來控制你！

2 90／10法則，讓人快樂

篇頭導讀：只要你能了解並熟練運用「90／10法則」，你就能改變現下糟糕的狀況！

我們每個人都心存希冀，我們的夢想也是五花八門，我們想要住在什麼樣的地方？誰會在我們身邊？我們會做些什麼？我們會有何種體驗？

當然，我們的夢想也在不斷的發展變化，不過，它們都或明或暗的表達了我們的某種生活目

2　90/10法則，讓人快樂

的。進一步說，我們都清楚的意識到，我們想達到那些預期的目的，需要越過重重障礙。而在大多數情況下，最大的障礙正出於我們自身。

「我想找個好伴侶，能和我一起到老，可我總是不好意思開口。」

「要是我工作再努力一點就能得到晉升。」

「為什麼我長得不漂亮？」

「我總是緊張得要命，什麼事也做不了。」

「我做什麼都缺乏自信。」

說這樣話的人在生活中很常見，他們似乎從沒有快樂過：倒楣的日子接二連三，糟糕的事情一件接著一件，煩惱也源源不斷，每天都過得憂心忡忡，焦慮、憤怒、暴躁影響著自己的生活和工作。多麼討厭、多麼殘酷的生活！如果恰巧你就是這樣的人，請別氣餒，只要你能了解並熟練運用「90／10法則」，你就能改變這一切！

那麼，到底什麼是「90／10法則」呢？簡單的說，生活的10％，是由發生在你身上的事情所組成；而另外的90％，則由你對所發生的事情的反應所決定。它內在的含義是：我們確實無法控制發生在我們身上的10％。比如，我們無法阻止我們的車一天天變舊；也無法不讓飛機誤點，儘管它打亂了我們整個的行程安排；一個普普通通的司機就能使我們遇到令人惱怒的延誤。

以上這些都屬於那10％，我們都控制不了。但另外的90％就不同了。你完全能決定這另外的90％！怎麼決定呢？靠你的反應！你不能控制一盞紅燈，但你完完全全能控制你的反應。

舉個例子來說，你們全家正在吃早餐，你的小兒子不小心打翻了湯碗，並潑灑了你一身，接下來發生的事情就將取決於你的反應了。這時，你嚴厲的責罵了兒子，他傷心的哭了。你又轉向你的另一半，埋怨對方不該將湯碗放在桌邊，一場口舌之爭就開始了。你怒不可遏的跑到樓上，換一身衣服。這時你發現兒子只顧著哭，沒吃完早飯，也錯過了校車，而這時你的另一半也必須馬上去上班。你只好急急忙忙開車送兒子去學校，因為晚了，開車超速，再延誤了十五分鐘，並被開罰單，你們到了學校。二十分鐘後，你來到辦公室，卻發現自己忘記帶公事包了。你倒楣的一天就這樣開始了，而且隨著時間的流逝，變得越來越糟糕。等你下班回到家中，你發現，你和家人之間彆彆扭扭的。

你為什麼會有這麼糟糕的一天呢？有四個可能原因：

A 是湯碗引起的嗎？

B 是兒子引起的嗎？

C 是交通警察引起的嗎？

D 是你自己引起的嗎？

很顯然，答案是D。你對打翻湯碗這件事沒有掌控好你的反應，你的反應導致了你糟糕的一天。

如果我們再換一種反應呢？結果肯定是大不相同。湯灑到你的身上，你的兒子見狀快哭了起來。你溫和的說道：「沒事的，寶貝，下次多加小心就是了。」你隨手拿著一條毛巾，邊擦衣服邊跑到樓上，在換了衣服和取了公事包後，你很快下樓來。你看到兒子上了校車，他轉過身來，向你揮手道別。在你和你的另一半上班之前，親切的吻別。你提前五分鐘來到辦公室，你高高興興的跟同事們打著招呼。你將有一個開心的一天。

注意，這兩個不同設定的區別，儘管它們都有同樣的開始，卻有完全不同的結果。為什麼呢？因為你不同的反應。還是那句話，你控制不了所發生的10%，但你完全可以透過你的反應決定剩餘的90%。

如果你學會使用「90／10法則」，你的生活將與以往有很大的不同。

如果有人說了你的壞話，你應該讓那些話像玻璃上的水珠那樣，自行滾落。

如果開車下班時塞車，你與其大發脾氣、咒罵，倒不如使用「90／10法則」，保持冷靜。

如果你一時找不到工作，為什麼要失眠或者怒火沖天呢？這時你可以把你用來憂慮的精力和時間或學習，或重新去找一份工作。

很好吧，這就是能讓人變得快樂的「90／10法則」！

3 控制情緒，訣竅有三

篇頭導讀：人類存在著情緒上的週期變化。你可以透過有意識的記錄的方式確定自己的情緒變化，由此可以提前預測自己的情緒，避免因為情緒的變化影響你的學習和生活。

有一個男孩失戀了，他很難受，於是無精打采的到酒吧喝酒，直到酩酊大醉，才踉踉蹌蹌的回了家。從此一蹶不振。另一個男孩也失戀了，他也跑到酒吧喝酒，但卻是為了慶祝。他覺得自己自由了，又可以重新飛翔了。在酒吧，他與另一位單身女孩友好的攀談，尋找並製造著另一種契機。

也許你也有過類似的經歷，你會選擇哪種處理方法呢？這就要看你的情緒控制力了。

情緒控制最重要的是調整注意力方向，關注人生中好的一面。比如，當你早晨起床後，你可以問自己，今天有什麼事情是值得自己高興的？今天有什麼事值得驕傲？今天有什麼事值得振奮？今天有什麼事值得感恩？問完這些後，試著找到答案。或者對自己說，因為我有一個理想的工作，所以我很驕傲。因為我的父母非常疼愛我，所以我很溫暖。因為我今天氣色不錯，所以我很有精神——總之要在腦海中讓自己看到一些美好、成功的景象，這樣便能夠讓自己感受到良好的情緒。具體來說，有三個小訣竅可以參考：

1　當事情發生時，要先問問自己

當不好的事情發生時，不妨先問問自己，發生這件事情對我有什麼好處？我可以從中學到什麼？從今以後我應該如何做才能避免發生這樣的錯誤？失戀後倘若能靜下心來，想想男朋友為什麼一去不回頭，可能失戀就變得積極而有益了：假如是自己做得不夠好，可以從中汲取教訓，以免碰到下一個意中人時，又重蹈覆轍；假如是對方不懂得什麼樣的女孩子值得珍愛，這樣的男人又有什麼值得自己傾注所有的情感？如此一來，問題自然也就找到出口了。

相反的是，有些人遭遇不順經常自問的卻是：我怎麼這麼倒楣？我怎麼這麼不如別人？不好的情緒猶如烏雲愈加濃密。這種做法是很愚蠢的。

2　當事情發生時改變情緒最快的方法就是改變身體狀態

要有良好的情緒，先要有積極的動作。要有積極的動作，先要有強烈的、誇張的表情、呼吸狀態和走路方法。

我們都知道，一個人高興的時候，一定會有高興的動作：比如手舞足蹈、愉快的笑容等。而一個人不高興的時候，則會垂頭喪氣，兩眼無神。這證明一個人的心理狀態會影響到身體狀態。心理學上有一個很重要的發現，就是想要改變情緒，想要改變心理，最快的方法就是改變身體狀態。只要我們改變自己身體的狀態，我們就能改變當時的情緒。例如，一個人到了舞廳，跳了二十多分鐘，會很興奮，這時你如果問他，為什麼這麼高興呢？他會說，跳舞當然高興了。也就是說，沒有發生任何特別的事情，也可以很高興，只要他做出高興的動作。

一個人的肢體動作可以創造情緒。這是身心互動的原理。進一步說，要有愉快的情緒，先要有愉快的動作。要有愉快的動作，先要有強烈誇張的表情、呼吸狀態和走路方法。

那麼，想要自信要怎麼做呢？假裝你很有自信，當然要做出自信的動作：雄赳赳，氣昂昂，雙眼有神，走路快速，腰桿挺直。想想成功的人是怎麼做的？他們通常都很有朝氣，氣定神閒。

你也要這麼做，只要你能做出來，就能感受到自信的情緒了。

3 只要改變一種語氣，就可改變一種情緒

在當今時代，如果你留心一下身邊的人，累、煩這樣的字眼會經常掛在他們的嘴邊。如果我們仔細觀察就會發現，凡是愛說壓抑、痛苦、無聊的人，通常情緒都比較低落。

消極或負面的用語不但束縛自己，也會影響別人。比如老闆對自己的員工說，「你這件事情沒做好」可以換成「你覺不覺得這件事情可以再做得好一點」；如果你把「你這樣表現很差勁」的話語，換成「你還有更大的進步空間」，他聽了肯定會備受鼓舞，會將自己的工作做得更加完美。

在三國歷史中，有一次，張飛帶兵打仗，因為沒有計劃好而打了敗仗。張飛讓軍隊撤退，士兵們情緒低落。張飛說，我們不是撤退，只是換個方向前進。大家一聽，好，那就換個方向前進吧。

所以，要改變說話的方式，避免渲染或誇大自己的痛苦和不快。你可以講，我只是有一點需要釋放，有一點需要放鬆，而不要「為賦新詞強說愁」，就可以讓自己保持良好的情緒。

4 轉向情緒，疏導心靈

篇頭導讀：我們的情緒有時也擁擠的交通一樣，需要適時轉向，這樣才能更好的為我們的心靈導航。

面對擁擠的交通，你是不是應該讓你車輪轉向呢？應該是這樣的，我們沒有必要把時間和精力浪費在塞車上。

人的心情有時候也會像這個雜亂的交通一樣，各式各樣的情緒一起湧上心頭，讓人覺得痛苦不堪。這個時候，我們也需要一個心靈疏導，給情緒一個合理的釋放機會。

首先我們要學會情緒轉向。不管是好心情還是壞心情，都必須有一個轉向過程。當我們心情極度興奮的時候，要學會情緒轉向，以免太過激動而發生不必要的麻煩。當我們心情極度低落的時候，也得情緒轉向，以防一蹶不振。只有做到這樣，一個人才能算是真正的成熟。

情商高的人不管遇到什麼樣的事情，他們都善於接受那些不可避免的事實。所以這類人在感到沮喪、生氣甚至是緊張的時候，他們總會先接受這種不可避免的事實，然後再用情緒轉向來發洩自己的心情。他們並不會因為所面對的事情，不是他們所想要的而採取一種逃避甚至是抵抗的態度，相反，他們會很自在的接納這些已經發生的事情，既不恐慌，也不沮喪。因為他們知道這些事情總會過去的，即便你再抵抗，再沮喪，事情還是照樣發生了，與其這樣，還不如接受。

有一天，著名的宗教家馬太・亨利在他去傳道的路上，一群強盜把他劫持了，不僅把他暴打一頓，還把他身上所剩的一點錢也搶走了。但是他還是沒放棄去傳道，繼續前行……

後來，亨利在日記中寫道：「我要感謝上帝，感謝上帝保護我，我真的是太幸運了。」接著，在以後的日記中他列出了之所以說自己幸運的幾個理由：

1　我在此之前竟然從來沒有遇到過類似這樣不幸的事情，這次被我遇見真是幸運。

2　強盜只是搶走了我的錢，沒要我的命，說明這個強盜還是很不錯的，我真是幸運，遇到這樣的強盜。

3　他們只是搶走我身上的錢而已，並沒有搶走我所有的財產。而那些錢是可以再賺回來的，因此我也感覺到自己真的很幸運。

4　是他們搶我的錢，而不是我搶他們的錢，願上帝原諒他們的一時無知。

亨利在被強盜搶走了所有的旅費之後能這樣想，甚至列出了這麼多讓自己感到幸運的理由真是不容易。他的這些理由不僅能自我安慰，也能給自己一個釋放心情的理由。亨利真不愧是一個情緒轉向的高手，他這麼想的結果就是他在傳道的過程中一直保持很高的積極性，並沒有受到此劫的影響。

顯然，亨利是一個非常明智的人，在面對不可避免的事實的時候，不是抗拒，不是逃避，而是試著學會轉向情緒，使自己的心靈進入正面狀態。

5　遇事想開，莫要在意

篇頭導讀：學會不在意的人，是超越了自我的人，也是活得瀟灑的人。因為沒有了瑣事的羈絆和纏繞，也就使身心獲得了解放，自有一片自由的天地任你馳騁。

現實生活中，我們有許多的煩惱、不安，其實都是因為過度在意而引起的。過度在意的人，

5　遇事想開，莫要在意

每天都會惹出許許多多的是非來。

有一對夫婦，吃飯閒談。妻子一不小心說了一句不太好聽的話，沒想到，丈夫細細的分析了一番，於是心中不快，與妻子大吵大鬧起來，直至掀翻了飯桌，拂袖而去。

我們細細想來，這真是太不值了，以小失大，得不償失。像他們這樣的人實在是太在意身邊那些瑣事了。其實，許多人的煩惱，並非是由多麼大的事情引起的，而恰恰是對身邊的小事過度在意的結果。比如，有的人喜歡句句琢磨別人對他說過的每句話，對別人的過錯更是加倍抱怨；對自己的得失念念不忘，對於周圍的事物過於敏感，而且總是曲解和誇張了外來資訊。這種人其實是在用一種狹隘、幼稚的認知方式，為自己營造可怕的心靈監獄。他們不僅使自己活得很累，而且也讓周圍的人感覺累。

顯然，過度在意瑣事的毛病會嚴重影響我們的生活品質，使生活失去光彩。這是一種最愚蠢的選擇。因此，我們要管理好自己的情緒，提高自我控制力，還要學會不在意，換一種思維方式來面對眼前的一切。

有一個女孩，她毫無道理的被老闆炒了魷魚。中午，她坐在噴泉旁邊的一條長椅上黯然神傷，她感到她的生活失去了顏色，變得黯淡無光。這時她發現不遠處一個小男孩站在她的身後「咯咯」的笑，她就好奇的問小男孩：「你笑什麼呢？」

「這條長椅的椅背是早晨剛剛漆過的，我想看看你站起來時背後是什麼樣子。」小男孩說話時一臉得意的神情。

女孩一愣，突然想道：昔日那些刻薄的同事不正和這小傢伙一樣躲在我的身後想窺探我的失敗和落魄嗎？我決不能讓他們的用心得逞，我決不能丟掉我的志氣和尊嚴。

女孩想了想，指著前面對那個小男孩說：「你看那裡，有很多人在放風箏呢。」等小男孩發覺自己受騙而惱怒的轉過臉來時，女孩已經把外套脫了拿在手裡，她身上穿的鵝黃的毛衣讓她看起來青春漂亮。小男孩甩甩手，嘟著嘴，失望的走了。

生活中的失意隨處可見，真的就如那些油漆未乾的椅背在不經意間讓你苦惱不已。但是如果已經坐上了，也別沮喪，以一種「不在意」的心態面對，脫掉你脆弱的外套。你會發現，新的生活才剛剛開始！

學會不在意，不要什麼都當一回事，不要去鑽牛角尖，不要太計較面子，不要事事「較真」、小心眼；不要把那些微不足道的雞毛蒜皮的小事放在心上；不要過於看重名與利的得失；不要為一點小事而著急上火，動不動就大喊大叫，以至因小失大，後悔莫及。要知道，人生有時真的需要一點傻。

學會不在意，可以給自己設一道心理保護防線。這樣不僅不去主動製造煩惱的資訊來自我刺激，而且即使面對一些真正的負面資訊、不愉快的事情，也要處之泰然，置若罔聞，不屑一顧，做到「身穩如山嶽，心靜似止水」。這既是一種自我保護的妙方，也是一種堅守目標、排除干擾的良策。

當然，不在意不是逃避現實，不是麻木不仁，不是消極頹廢；不是對什麼都無動於衷。而是在奔向人生遠大目標途中所採取的一種灑脫、放達、飄逸的生活策略。倘能如此，你自然會擁有一個幸福美妙的人生。

6　遭遇壓力，積極調適

篇頭導讀：對新情況的迅速、及時反應，是人類的本能。一般來說，面對周圍發生的新情況，每個人都會出現生理的、心理的反應，這是具有良好適應性的表現。

大家在看有關介紹心理知識方面的書籍時，經常要遇到「應激（Stress）」這個名詞。什麼叫應激呢？我們舉個例子，一出門吸了一口冷空氣，馬上打了一個噴嚏。這個噴嚏就是應激。這是生理上的應激，我們的呼吸系統對冷空氣的應激反應。

應激是人體對付外界刺激的一種反應。通俗的解釋，就是我們在面臨新情況時的一種突發反應。應激可不是什麼病。我們隨時隨地都可能遇到各種各樣的新情況，這時如果做不出相應的反應，怎麼能適應自然和社會的瞬息萬變呢？

那什麼是應激事件（或稱壓力）呢？應激事件是突如其來的，自身無法防範的，對人身安全構成威脅的，或造成實質的傷害的事件。也就是刺激事件超過了個體的平衡和負荷能力，或者非個體的能力所及，成為壓力。中國有句俗諺：一朝被蛇咬，十年怕井繩。細細品味，我們發現其中蘊含著許多心理學的知識。本來被蛇咬是件小事，把傷口處理好就沒事了，可卻留下了心理後遺症。為什麼會發生這種現象？恐怕脫離不了「外界刺激——內心體驗——暗示強化——習慣反應」這種由應激（壓力）事件而形成情境式習慣反應的心理模式，其形成過程通常具備以下幾個條件：

1 首次遇到此類壓力事件，沒有心理準備或存在片面認知。
2 伴隨強烈的負面情緒和生理體驗。
3 消極暗示，快速盲目歸因。
4 透過自我心理類化、強化與放大形成情境式習慣反應。

仔細分析我們身上存在的一些類似不良情緒或習慣反應，不難發現，諸如考試焦慮、強迫行為、恐懼症等都是這樣形成的。

那麼，面對生活中的壓力，我們應該如何調整心理狀態呢？

1 尋找事情的積極面。以樂觀積極的眼光對待生活，不論是看周圍世界，還是看他人、看自己，都要從積極的方面看問題。這不是逃避問題、逃避現實。
2 憑藉生活經驗解釋壓力。生活經驗是情緒成熟的重要資源，在日常生活中能夠保持穩定一致和完整。
3 客觀看待情境的發生。客觀的看待發生的事情，也就是辨證的看問題，全面的分析問題，靈活處理靈活考慮問題。靈活思考意味著能夠從新的或不同角度看待事情，而不是從一個舊的角度看待事情。當你這麼做時，就會看到新的想法和選擇。

4　跟朋友親人或專業人士談論。這些人都會發自內心的關心你，都會站在你的角度考慮問題。而且每個人的角度不同，幫你拓寬了思路和視野，更有利你找到正確的處理方法。

5　從相似經歷的人或群體尋求幫助。壓力可以導致強大的不舒服感覺，如發瘋、分離等與別人不同的感覺。經由與有過類似經歷的人交談，可以讓自己認知到，你並不孤獨，甚至有更強的安慰作用。知道有人理解，並能夠分享你所經歷的事情，對你有心理治療作用，還有助於你恢復對自己的了解，接納現實的壓力，有勇氣去經歷它、解決它。

6　不要草率行事。不要草率行事，也就是不衝動，冷靜的處理壓力問題。衝動的處事有可能會將自己處於危險中，注意自己對安全的需求，儘量在行動前將事情考慮全面，創造一個穩定的理性的氛圍，為自己提供一種有利於恢復平衡的模式，幫自己將危險控制在低水準上。

7　培養戰勝壓力的信心。壓力後可以讓自己認識自己的力量和恢復力，而這以前是不明顯的。你可以發現你比以前想像的要堅強並從自己的經歷中獲得了新的知識，見識及智慧。

7　別人情緒，為我所用

篇頭導讀：人的天性決定了群體生活的必然性，在人際溝通中，為了取得更長遠的發展，我們必須去照顧他人的情緒、了解他人的想法，而如果能夠再合理的利用他人的情緒，那麼你的人生將會達到一個新的高度。

在情緒的管理上，能夠有效的控制自己的情緒是很了不起的事情，但是如果再能夠善於利用別人的情緒，那就更是高人一等了。

利用別人的情緒，其意義有二：一是在別人情緒低落的時候要儘量避開，免得惹禍上身；二是要看準時機，充分掌握別人的情緒為我所用。

在第一層意義上，如果我們不注意別人的情緒，就很可能會被別人影響，因此情緒本身具有傳染性。

清早，陳玉剛剛剛進入工作狀態，就聽到坐在對面的李小林氣呼呼的說：「遲到兩分鐘就要扣錢，真不是人過的日子。扣吧，真沒意思，早想跳槽了。」

李小林的抱怨把陳玉剛從工作狀態中拉了出來，抬頭看看時間，九點過五分，看來李小林又遲到了。李小林是一個喜歡把個人情緒當眾展示的人，非常喜歡抱怨，所以辦公室裡經常會聽到他的牢騷聲，言語裡總是充滿了挑剔，陳玉剛感到自己時常會受他情緒的影響。

剛進公司的時候，陳玉剛雖然沒有躊躇滿志準備大幹一場的熱血精神，但對工作還是充滿熱情，他渴望經由自己的努力得到上司的賞識。因為李小林在公司已經四年多了，算是老員工，陳玉剛有什麼問題自己無法解決，就會虛心的向他請教，每次李小林都懶洋洋的說：「這有什麼意思？想那麼多做什麼？說實話，我來的時候和你一樣，結果呢？還不是這樣？」也許李小林的抱怨是無意的，但是已經大大削弱了陳玉剛的衝勁與熱情。

有時候，陳玉剛也會與他爭辯說，只要努力，就一定會有機會。他會不屑的說：「算了吧，收起你的那點夢想吧，這個社會只有會混的人、有關係的人才有未來。你沒看我們公司那個小趙，比我還晚來一年呢，人家現在是部門經理，聽說他是老闆的遠房侄子。還有那個來了半年就升職的小李，聽說是老闆朋友的兒子……」

聽了李小林的話，陳玉剛就會懷疑自己和老闆沒有任何「瓜葛」，努力會不會有用？有時候，剛剛說服自己要努力，不要受別人壞情緒的影響，李小林又會悄悄對他說：「我最近看好了一家公司，在市中心辦公，辦公室裝潢很氣派，聽說公司有五百多人，哪裡像我們這裡辦公室不像辦公室，上上下下加起來還不到一百人……」

陳玉剛一直在李小林的抱怨聲中堅持著自己最初的信念，直到後來慢慢動搖，他也漸漸覺得現在的工作沒有前途，缺乏發展空間，那些自己訂的短期計畫、中遠期計畫，而今早已束之高閣。他想那有什麼用呢？即便努力了，說不定將來也是和李小林一樣的命運。

很顯然，陳玉剛已經被李小林的負面情緒感染了，並嚴重影響到了自己的工作。倘若陳玉剛早認識這一點，及時避開李小林的負面情緒，那麼他也不會受到這麼大的影響。

無論是在工作中，還是生活中，我們的心情總是容易被別人的情緒所影響。但是，反過來，如果我們能善於把握別人的情緒，那就不會再產生這樣的錯誤了。我們知道，情由心生，了解他的心就是了解他的情緒，而對情緒的掌握就是人際溝通中的金鑰匙！

約翰、史蒂夫和傑克住在同一個社區裡，他們是很好的朋友，他們有一個共同的特點——怕老婆。

他們的妻子把家庭經濟大權牢牢的掌握在手中，他們沒有自己的私房錢，因為妻子們覺得他們應有的一切都已經提供給他們了，所以也就自然不需要別的什麼開銷了。三個人天天在一起討論該怎麼要點錢去打個牌什麼的，可是試了各種辦法都不行。

忽然有一天，另兩個人發現約翰居然開始有錢了。這到底是怎麼回事？難道他有了其他的生財之道？老約翰得意洋洋的告訴他們：「因為我掌握了我老婆的情緒規律。」「情緒規律？」兩個人大吃一驚。

「是的。我最近發現妻子每到星期五就會特別的高興。星期五的下午，她們那群愛跳舞的人就會聚在一起學習跳舞。除了跳舞，沒有什麼可以讓她這麼高興了。後來我就發現，在她這個情緒高昂的時候，跟她提什麼要求她通常都會答應，試了兩次之後發現果然如此。這就是我的祕密——利用她的情緒。」另外兩個朋友哈哈大笑起來，說：「看來我們也得去好好研究妻子的情緒了。」

沒想到，三個好朋友討論了那麼久都解決不了的問題，居然這麼簡單就解決了。合理利用別人情緒的人魅力自然是無法抵擋。

每個人都有自己的情緒低落期，也都有自己的情緒高潮期，我們所要做的就是觀察他的情緒，從而做出相應的行動。

8 總是抱怨，實不應當

篇頭導讀：不要總去抱怨別人，與其說是別人讓你痛苦，倒不如說抱怨是人性中的一種自我防衛機制。

在日常生活當中，我們身邊幾乎充斥著各式各樣的抱怨：抱怨家境背景差，抱怨自己的薪水與付出不符，抱怨自己的公公婆婆對自己不好，抱怨自己的老婆不漂亮，抱怨自己的孩子功課不好……這些抱怨有些是別人說給自己的，有些是自己說給別人的。唯獨沒有人自己抱怨自己：我為什麼有這麼多抱怨呢？

過多的抱怨就像一種慢性腐蝕劑，在腐蝕自己的同時，也在消磨別人的鬥志，它就像可以「潰堤」的螞蟻，讓一個家庭、一個團隊、一個社會潰不成軍，轟然倒地！

劉英平時在公司是個不拘小節的人，業務績效好，人能幹。上班第一個到，工作認真，遇到需要加班的工作，她還主動承擔。平時公司的事、同事的事，她都熱心幫忙，能出多大力，就出多大力，可是做了很多，就是得不到好評，年底評優良考績，根本就沒有她的份，為此她非常苦惱。為什麼呢？她也說不清楚。後來一位同事開玩笑時說出了祕密：她都讓那張不安分的嘴給害了。聽了這話，她陷入了沉思，一幕一幕的畫面浮現在眼前。

一次，公司動員人到外面搬東西，很多人看到以後，故意跑遠了。劉英當時還有點感冒，但她沒有想很多，主動幫助搬東西，累得滿頭大汗，腰酸腿痛。回到辦公室後，她的嘴就沒有閒著，發了一大堆的牢騷。如，做事時找不到人了，多數人是屬狐狸的，狡猾著呢；主管這時候不出來看了，做白工等等的話。

又有一次，快下班時，公司突然有工做要加班，可是多數辦公室都空了，同事們都提前下班回家了。只有劉英等幾個人仍然在工作著，加班的任務自然就落在他們身上。第二天到了辦公室她又是一頓牢騷，說了大半天，到餐廳還在抱怨。

還有一次，公司發全勤獎金，她看到很多經常遲到早退的人也領到了全勤獎金，牢騷又開始了。如，公司沒有嚴格的標準，主管沒有長眼睛，好壞不分等等。

就這樣劉英整天生活在抱怨和牢騷中，公司的各種福利待遇自然也漸漸遠離了她，因為沒有主管喜歡總是抱怨的人。因此，奉勸職場中人，生活在群體裡，一定要管住自己的嘴，否則傷害的是自己。

如果我們把抱怨變成善意的溝通，如果把抱怨變成積極的建議，如果把抱怨變成正面的行動，你就會發現，快樂的生活其實離自己並不遠！

有一對夫妻結婚後天天吵架，最後去見大名鼎鼎的心理學家密爾頓・艾立克森。艾立克森聽完雙方滔若江河的抱怨，說了一句話：「你們當初結婚的目的就是為了這無休無止的爭吵抱怨嗎？」那對夫妻聽了頓時無語。據說後來重新如膠似漆。

有種人「寬於律己，嚴以待人」，任何事都是別人的錯，其實那是自戀主義者的表現。因為一切以自己為中心，所以任何不利自己的東西都是他抱怨的對象。

抱怨是人性中的一種自我防衛機制，要完全斷絕的確很難。如果你覺得自己根本無法做到停止抱怨，那麼至少應該在抱怨的時候提醒自己，這個抱怨只是暫時的出氣宣洩，可做心靈的麻醉劑，但絕不是心靈的解救方。

一個真正超越紅塵瑣事的開悟者，第一要達成的境界就是停止抱怨。面對一切的誤解、攻擊、詆毀、讚譽、過獎，開悟者都能做到以開放的心坦然承受。

曾看過一個故事：

一對夫婦在婚後十幾年後才生了一個男孩，自然是兩個人的寶。男孩兩歲的某一天，丈夫在出門上班之際，看到桌上有一瓶打開的藥，為趕時間，他只告訴妻子把藥瓶收好，然後就上班去了。妻子在廚房忙得團團轉，很快就忘了丈夫的叮囑。男孩拿起了藥瓶，覺得好奇，又被藥水的顏色所吸引，於是倒進嘴裡喝了個乾淨。這種藥水即使成人也只能服用少量。男孩被送到醫院後，搶救無效身亡。妻子悲痛之餘，更不知如何面對丈夫。緊張的父親趕到醫院，得知噩耗後非常傷心，看到兒子的屍體，望了妻子一眼，然後給了她一個堅實的擁抱。

認真想想，這件事如果發生在我們任何一個人身上，能不抱怨嗎？但是抱怨又有何用呢？將妻子罵一頓、打一頓嗎？最終可能鬧成離婚，結果可能是家破人亡。其實，這位丈夫很清楚，妻子只是一時疏忽，面對不幸，只有夫妻同心，重新再來，才可能保住一個完整幸福的家。

當我們遇到事情不好的一面時，應先學會思考如何在這裡面學習和成長。如果一味發牢騷，而不去改變不好的部分，即使是抱怨得肝腸寸斷，事情也不會改觀。

從前，有個人整天想著當官，卻一直不能如願，為此，他愁腸百結，異常苦悶。有一天，這個人去問上帝：「命運為什麼對我如此不公？」上帝聽了沉默不語，只是撿起了一顆不起眼的小石子，並把它丟到亂石堆中。上帝說：「你去找回我剛才丟掉的那顆石頭。」這個人翻遍了亂石堆，卻無功而返。這時候，上帝又取下了自己手上的金戒指，丟到了亂石堆中，讓這個人去找。結果，這一次他很快便找到了那枚戒指。上帝雖然沒有再說什麼，但是他卻一下子便醒悟了：當自己還只不過是一顆石子，而不是一塊閃光的金子時，永遠不要抱怨命運對自己不公平。

生活中有許多不快樂，沒有一種生活是完美的，也沒有一種生活會讓一個人完全滿意，我們做不到從不抱怨，但應該讓自己少一些抱怨，多一些積極的心態去努力進取。因為如果抱怨成了一個人的習慣，就像搬起石頭砸自己的腳，於人無益，於己不利，生活就成了牢籠一般，處處不順，處處不滿；反之，則會明白，自由的生活著，其實本身就是最大的幸福，哪會有那麼多的抱怨呢？

9　重建信念，管理情緒

篇頭導讀：如果你的信念不夠強烈或還十分消極，就要注意了，你得調整你的信念，並具備相應的知識和技能作為你的武器去配合它。

通常，我們認為是一件事情引發了我們某種情緒，但心理學家艾利斯認為，是我們的信念

(belief) 決定了我們的情緒。比如，男大學生約翰和傑克，在校園裡碰上同班女同學鐘斯，兩人同時和她打招呼，但鐘斯沒理會他們，低著頭走過去了。約翰的第一反應是，「哦，她可能正在想事情，沒看到我們。」傑克的第一反應是，「她怎麼會這樣？太傲慢了吧，故意不理我們。」

同樣的事情，引起了兩人不同的情緒反應，而且這種情緒反應還會接下來讓兩人與鐘斯發展出不同的關係。之所以如此，並不在於這件事情實際情況，而是約翰和傑克的信念，即隱藏在他們第一反應背後的信念。約翰的信念是寬容和自信，他能在第一時間站在對方角度著想，而且相信別人和自己不同，不溝通就不會知道對方怎麼想。但傑克的信念則是「以己度人」，他自己怎麼想，就以為對方就是怎樣。

按照艾利斯的說法，約翰的是合理信念，傑克的是不合理信念。合理信念可以引起人們對事物的恰如其分的情緒反應，不合理信念則容易導致不適當的情緒反應。

李洪彬是典型的膽汁型的人（脾氣暴躁、直率、精力旺盛），很容易衝動，小時候在學校就是讓老師頭疼不已的孩子，一點點小事，他都會不依不饒的和人理論。若是理性的去理論也好啊，偏偏他又容易激動，說不了幾句就動起手來。每個星期，李洪彬的爸爸媽媽都要到學校把他領回家。

李洪彬的爸爸也是個火爆脾氣，他也不懂什麼管孩子的辦法，反正孩子頑皮，棍棒之下出孝子，領回家就再打一頓。

還好，李洪彬雖然脾氣暴戾，但是成績很好。高中畢業之後，進了一家公司做行銷部經理。

剛進去的時候，也是公司的創業時期，李洪彬的脾氣在這個時候派上了用場，他敢衝敢做，很快就為公司打下了一片天下。

但是，李洪彬的情緒仍然不受控制，常常因為手下的員工辦事不力而大發脾氣，但是因為成績實在突出，老闆都敬他三分，所以周圍的同事們也就這麼得過且過。

可是，就算公司裡所有的人都怕他捧著他，新上門的客戶可沒理由吃這一套，所以，李洪彬的情緒氣走了好幾個大客戶。

老闆實在看不下去了，就跟李洪彬好好的談了一次，勸他注意改善自己的情緒，也為他介紹了一些情緒管理方面的專家。

剛開始，李洪彬還挺有興趣的，可是當老毛病又犯的時候，卻不從自己身上找原因，反而認為專家沒用。他對專家說：「反正我就這樣了，改也改不掉，還不如就這麼下去吧，我也不想費心了。」專家只好搖搖頭隨他去了。

但是，當李洪彬又一次與客戶商談時，再一次控制不了自己的情緒導致與客戶不歡而散，最好老闆也炒了李洪彬的「魷魚」。

心理的阻礙讓人很難突破自己，如同上面的李洪彬就是在情緒管理上喪失了合理的信念，在惡劣情緒的影響下，漸漸形成了不合理的信念，而且不再改變，導致了糟糕的結果。

生活中很多這樣的人，當需要在眾人面前展示自己或遇到緊急情況時，就難以控制自己的情緒，因為他的腦中一直有不合理的信念，比如我一定要表現出色，我一定要處理好這件事，否則我在眾人面前太丟臉了。這種想法會使人更緊張，壓力更大，常常會手忙腳亂，本來可以很好處理的事卻搞得一團糟。

所以，要控制自己的負向情緒，甚至消除它，就要改變不合理的信念。告訴自己，只要盡力盡心了就好，把「一定」改成「希望」，「我希望自己表現得好」，「即使這次沒有達到自己的預期，還有下次」，「加上這次累積的經驗一定會有進步的」。

艾利斯經過長時間的研究，還概括出了十二種最常見的不合理信念：

1　兩極化。即「非此即彼」的極端想法，只注意事物的兩極，忽略中間部分。如，「不成功，就是失敗」，「不是好人，就是壞蛋」。

2　「糟透了」。事情沒有最壞，只有更壞，但我們容易將自己遭遇到的事情看成是「最可怕的」、「無可救藥的」，由此陷入極端的焦慮、緊張等不良情緒中。如，「考不上頂大，我就徹底完了」、「她不愛我，我是最不幸的」。

3　過度謙遜。為了不讓人說三道四，我們習慣性的忽略或否定自己的優點。如，「這次成績好，是因為我運氣好」，「我修好了機器，但這誰都能做到」。

4　情緒推理。即將糟糕的情緒當作事實來看待，並以此決定自己的行為。如，「這個人讓我不舒服，他一定是個壞蛋」，「我覺到好悲傷，一定是他不要我了」。

5　貼消極標籤。忽視實際情況，給自己、別人貼上固定的標籤。如，「我的工作沒有價值，我一文不值」。

6 最大化／最小化。誇大消極面，縮小積極面。如，數學得優是因為我的運氣好，語文剛及格顯示我多麼笨。總之，「我不是讀書的料」。

7 度人之心。以為自己能懂得別人的心思，將自己的推斷當成事實，既不理會其他可能性，也不驗證。如，見了面也不打招呼，一定是他瞧不起我。

8 以自我為中心。以為大家都會像自己一樣想，以為自己看事物的方式就是他人看事物的方式，或堅持認為他人應該遵守與自己相同的價值標準與生活準則。如，我認為婦女應操持家務，所以我妻子應該把家事都包了。

9 假設等於結論。不看事實，從假設出發直接得出結論。如，今天我上樓走了十三個臺階，聽說數字十三不吉利，我今天要倒楣了。

10 以偏概全。以一件或幾件事推斷出全面的結論。如，碰到了一個騙子，便認為天下到處都是騙子。

11 「應該」和「必須」。抱有一些固定、刻板、僵硬的觀念，用這些觀念來約束自己和別人。如，我必須做一個成功的人；我應該贏得所有人的欣賞；別人必須公平的對待我等等。

12 不相信他人好的評價。不相信別人對自己的好的評價。如，別人稱讚我，是因為別有所圖，或者出於禮貌，或者是不了解我。

10 放棄悲觀，予己希望

篇頭導讀：每天給自己一個希望，我們將活得生機勃勃，激情澎湃，哪裡還有時間去嘆息、去悲觀失望，將生命浪費在一些無聊的小事上？生命是有限的，但希望是無限的，只要我們不忘每天給自己一個希望，我們就一定能擁有一個豐富多彩的人生。

人生路上，希望是我們前進的巨大的推動力。美國心理學家羅森塔爾有一次到一所中學與一些同學談話之後，在學生名單中圈出若干個名字，告訴老師說，這些學生很有天賦，前程遠大。這些學生中，有優等生，也有成績倒數的學生，還有平平的學生。聽了羅森塔爾的話，老師增強了信心，學生也產生了新的希望。過了一段時間，羅森塔爾再次來到學校，發現他圈選的學生全都有了很大的進步。他向校長說了實話，他圈出的學生是隨機選取的，並不真是天才。羅森塔爾正在研究期望能夠產生的心理效應。事實證明，他喚起了這些學生的希望感，使他們產生了進步的力量。

美國作家懷特說：「生命中，失敗內疚和悲哀有時會把我們引向絕望，但不必退縮；我們可以爬起來重新選擇生活。」失敗不是人生的滑鐵盧，你在這裡失敗了，還可以有其他地方取得成功，但首先你必須有爬起來的勇氣。給自己希望就是給自己成功的機會。一次失敗，並不能給自己判死刑，否定自己存在的價值。

希望的力量在現實生活中也得到過證明的。有位醫生素以醫術高明享譽醫學界，事業蒸蒸日上。但不幸的是，有一天，他被診斷患有癌症，這對他打擊很大。他一度情緒低落，但最終還是接受了這個事實，而且他的心態也為之一變，變得更寬容、更謙和，更懂得珍惜所擁有的一切。在勤奮工作之餘，他從沒有放棄與病魔搏鬥。就這樣，他已平安過了好幾個年頭。有人驚訝於他的事蹟，就問是什麼神奇的力量在支撐著他。這位醫生答道：「是希望。幾乎每天早晨，我都給自己一個希望，希望我能多救治一個病人，希望我的笑容能溫暖每個人。」

在逆境中，我們每個人都應該像這位醫生一樣給自己希望，這樣才能激起追求的勇氣，支撐自己堅持下去；在絕望中，給自己希望才能發揮一切求生的本能，不坐以待斃。屈原放逐賦《離騷》，司馬遷受宮刑而作《史記》，他們如果不給自己希望，在死一般的失敗面前毫不退卻，豈不是少了一段千古絕唱，一部史書著作。

單憑一個希望，不採取實際行動，是不行的，但沒有希望如行屍走肉一般，卻萬萬不能。沒有希望猶如生活沒有陽光，你只能生活在陰影中，先哲曾說假如你遇到挫折，別後退，只要迎著陽光走下去，前面總是一片光明。朋友們，如果你失敗了，別灰心，給自己希望，給自己另一個成功的機會！

希望可以給人帶來巨大的動力。有個心理學家曾做過一個實驗，他讓試驗者進行催眠，然後，對一部分人進行暗示：「他們有著非凡的力量」；同時對另一些受試者進行相反的暗示，暗示他們疾病纏綿，衰弱不堪。在這兩種不同的心態下，對他們進行握力的測試。結果，第一組的成績非常出色，而第二組的成績十分低下。

由此可見，面對生活充滿希望的人，完全可以改寫自己的人生。如果生活中的你，正處於停滯階段，或者正處於卑微狀態，不要頹廢，把別人的不屑與歧視當成激勵你前進的動力吧！只要你肯付出，永遠不放棄希望，你就完全可以把掌控好自己的人生。

在一次貿易洽談會上，張經理和一個年輕人被分進了一家高級飯店的二十六樓房間。年輕人俯身向下看的時候，覺得頭有點暈，便抬起頭來望著藍天。這時，站在他身邊的張經理關切的問：「年輕人，你是不是有點懼高症？」年輕人回答說：「是有一點，可並不害怕。」於是他和張經理聊起了小時候的一件事：

「我家住在山裡，那裡很窮，學校離家很遠，每次上學都要經過一座橋。可是每到雨季，山洪暴發，一瀉而下的洪水便會淹沒我們放學回家必經的小石橋，老師就一個個把我們送回家。走到橋上時，水已漲到小腿肚，下面是洶湧咆哮的湍流，深不見底，看著讓人害怕，不敢挪動半步。這時老師說：『你們手扶著欄杆，把頭抬起來看著天往前走。』這招還真靈，心理沒有了先前的恐懼，也從此記住了老師的這個辦法，在我遇上險境時，只要昂起頭，不肯屈服，就能穿越過去。」

張經理笑笑，問年輕人：「你看我像是自殺過的人嗎？」年輕人看著面前這位剛毅果決的中年人，一臉的驚異。

張經理接著往下說：「我原本是個坐辦公室的公務員，後來覺得整天養尊處優，活得很沒意思，於是從親戚朋友手中借了十萬元經商。可不知是運氣不好還是不熟悉商場環境，幾樁生意都倒了，欠了一屁股的債，債主天天上門討債，十萬多啊，這在當時可是一筆天文數字，這輩子都覺得還不起。於是我想到了死，我到了深山裡的懸崖上。我正要往下跳的時候，耳邊突然傳來蒼老的山歌。我轉過身子，遠遠看見一個採藥的老者，他注視著我。我想他是以這種善意的方式打斷我輕生的念頭。我在懸崖邊找了片草地坐下，等到老者離去後，我再走到懸崖邊，只見下面是一片黝黑的樹林，這時我倒有點後怕，退後兩步，抬頭看著天空，希望的亮光在我大腦裡一閃，我選擇了重生。回到都市後，我從打工做起，一步步走到了現在。」

人生總是坎坎坷坷，面對人生大小困難，如果對自己過分苛刻，那麼你只能生活在灰暗、陰沉的天空下。沒有希望，猶如在黑暗的大海上沒有燈塔，很容易失去方向。我們要知道，一次失敗不代表永遠的失敗，只有給自己希望，才能從失敗中站起來，掌控成功！

附錄：情緒的自我測試

10 放棄悲觀，予己希望

附錄：情緒的自我測試

附1：對你的焦慮程度進行自我測試

認真回答以下二十題，你可以依照主觀感受來進行評定：

1 你的上司偶爾對你的微笑，使你緊張不安。（ ）

A 很少　B 有時　C 經常　D 總是

2 當有人說他剛買的貴重物品丟了，你擔心他懷疑是你偷的。（ ）

A 很少　B 有時　C 經常　D 總是

3 當傳聞說地球將要毀滅時，你瘋狂搶購各種物品。（ ）

A 很少　B 有時　C 經常　D 總是

4 經常做惡夢被人五馬分屍。（ ）

A 很少　B 有時　C 經常　D 總是

附 1：對你的焦慮程度進行自我測試

5 陽光明媚的清晨，你卻覺得今天一定會倒楣。（ ）
A 很少 B 有時 C 經常 D 總是

6 天氣不是很冷，你卻常常感到手腳冰涼。（ ）
A 很少 B 有時 C 經常 D 總是

7 在辦公室裡經常感到頭暈目眩，全身酸疼無力。（ ）
A 很少 B 有時 C 經常 D 總是

8 晚上即使沒有熬夜，白天也打不起精神。（ ）
A 很少 B 有時 C 經常 D 總是

9 你總是感覺心煩意亂，不能安靜的坐一會。（ ）
A 很少 B 有時 C 經常 D 總是

10 即使是搭電梯上樓，你也常常心跳加快。（ ）
A 很少 B 有時 C 經常 D 總是

11 因為別人的嘲笑曾使你發生過暈眩，而現在卻成為家常便飯。（ ）
A 很少 B 有時 C 經常 D 總是

12 你經常因為胸悶、氣短而頻繁的唉聲嘆氣。（ ）
A 很少 B 有時 C 經常 D 總是

13 睡覺時手腳感覺像被螞蟻咬一樣，一陣陣的刺痛發麻。（ ）
A 很少 B 有時 C 經常 D 總是

14 飲食很規律也很講究衛生，但卻經常腹瀉。（ ）
A 很少 B 有時 C 經常 D 總是

15 你在街上走路時，會突然感覺天旋地轉，不得不扶著東西休息一下。（ ）
A 很少 B 有時 C 經常 D 總是

16 與陌生人見面不願與人握手，因為緊張使你手心出汗。（ ）
A 很少 B 有時 C 經常 D 總是

17 明明沒怎麼喝水卻總是想上廁所。（ ）
A 很少 B 有時 C 經常 D 總是

18 當有人注視你的時候，你總是羞得滿臉通紅。（ ）
A 很少 B 有時 C 經常 D 總是

19 經常因為白天發生的不愉快，而晚上難以入睡。（ ）
A 很少 B 有時 C 經常 D 總是

20 睡眠品質不高，經常被惡夢嚇醒。（ ）
A 很少 B 有時 C 經常 D 總是

測試說明：

選擇「A」計一分，選擇「B」計兩分，選擇「C」計三分，選擇「D」計四分。最後將總分乘上一點二五，「四捨五入」取整數即為你的最後得分。

測試結果：

1 如果你的分數在五十分或五十分以下，表示你有時焦慮，需要經常放鬆一下；

2 如果你的分數在五十分以上，表示你的焦慮程度很嚴重，需要去看心理醫生。

附2：對你的憤怒程度進行自我測試

認真回答以下測試題目，本測試的目的在於考察你對憤怒控制如何？

1 我從沒有或極少發怒。（ ）

A 同意　B 部分同意　C 不同意

2 我避免表達憤怒因為大多數人會誤解為仇恨。（ ）

A 同意　B 部分同意　C 不同意

3 我寧願掩蓋對朋友的憤慨也不願冒失去他的風險。（ ）

A 同意　B 部分同意　C 不同意

4　還沒有人靠大發雷霆在爭論中獲勝。（　）
A　同意　B　部分同意　C　不同意

5　我願意自己解決怒火不願向別人傾訴。（　）
A　同意　B　部分同意　C　不同意

6　遇到沮喪情景時發怒不是成熟或高尚的反應。（　）
A　同意　B　部分同意　C　不同意

7　你對某人正發怒時處罰他可能不是明智的行為。（　）
A　同意　B　部分同意　C　不同意

8　發怒時越說越怒只會把事情弄得更糟。（　）
A　同意　B　部分同意　C　不同意

9　發怒時我通常掩飾因為我怕出醜。（　）
A　同意　B　部分同意　C　不同意

10　當對親密的人感到生氣時，應當以某種方式說出來即使這樣做很痛苦。（　）
A　同意　B　部分同意　C　不同意

測試說明：
選擇「A」計一分，選擇「B」計兩分，選擇「C」計三分，然後相加得出總分。

測試結果：

1 如果你的得分在二十四到三十分，表示你承認憤怒情緒的存在，並認識到應該怎樣表達憤怒才能更好的維護人際關係。

2 如果你的得分在十七到二十三分，表示你對應該怎樣表達憤怒才能煙消雲散與這樣做的理由有一般性的掌握，但還有很大的改進空間。

3 如果你的得分在十到十六分，表示你不懂得如何處理憤怒情緒以改善與他人的關係。或許感覺憤怒會讓你內疚，特別是親密的人惹你生氣時。要提醒你的是，最好在當時就表達你的憤怒勝於事後幻想報復。

附3：對你的空虛程度進行自我測試

空虛是什麼？你先不要急著知道答案，讓我們先看看你現在的處境！你是不是經常唉聲嘆氣：「唉，生活真無聊」、「算了，就這樣吧，沒什麼意思了！」其實，你所表達正是一種空虛心理。如果你不確定，可以透過以下測試題自我測試一下！

1 你從不看重別人只看重自己。（　）

2 你自己沒什麼特殊的愛好。（　）

3 你常常想改變自己的生活方式。（　）

4　你對自己的工作或學習感覺很無聊。（　）
5　你經常與他人發生口角。（　）
6　你認為各方面都有很多不如意的地方。（　）
7　你的生活還好可就是不快樂。（　）
8　你對一切都不抱樂觀的態度。（　）
9　你不喜歡和他人交往。（　）
10　你常常一有錢便購買想要的東西。（　）
11　你吃飯時不感到愉悅。（　）
12　你常常因零錢少而感到不滿。（　）
13　你不大喜歡單位（學校）的領導（老師）和同事（同學）。（　）
14　你認為無論幹什麼都不值得高興。（　）
15　你經常埋怨單位（學校）離家太遠。（　）

測試說明：

現在就用「是」或「否」來回答上面的測試題目。回答「是」得零分，回答「否」得一分。

測試結果：

1　如果你的得分在六分以下，表示你非常空虛，你應該及時詢問心理醫生，激發你對生活的熱情。

2　如果你的得分在六到九分，表示你的生活不夠充實，比較空虛。對生活和工作多有不滿難以感覺到生活的樂趣。但因為你的態度比較誠懇，顯示你具有改變生活、工作現狀的願望。有這種願望還應認真分析不滿的原因，並應積極想辦法加以解決。

3　如果你的得分在九分以上，表示你對生活工作現狀滿意，精神上較充實，往往生活態度樂觀充滿熱情。

附 4：對你的憂慮程度進行自我測試

認真閱讀以下測試題，選出適合你的回答：

1　你是否經常與中學或小學時的老同學保持聯繫？（　）
2　你開車時經常感覺很緊張嗎？（　）
3　你是否每天都擔心自己的經濟狀況？（　）
4　如果你打籃球是否不會犯規？（　）
5　你在看上去很健康的情況下每個月去看醫生嗎？（　）
6　你在參加求職面試時會緊張嗎？（　）
7　你是否總是擔心掉頭髮？（　）
8　你見到陌生人是否難為情？（　）

9 你是不是不願意在晚會上獨唱一首歌？（　）
10 你是否不願意參加遊戲比賽？（　）
11 你是否會為生活中一些瑣碎的小事而擔心？（　）
12 你是否準備在工作中承擔責任？（　）
13 你是否擔心上臺演講或演出？（　）
14 你是否總是忘記自己的車牌號？（　）
15 你是否會忘記別人的名字？（　）
16 你是否不能記起自己的生日？（　）
17 你是否會乘車坐過了站？（　）
18 你是否有時會忘記約會？（　）
19 你是否經常咬自己的手指甲？（　）
20 你是否有規律的飲食？（　）
21 你是否經常睡得不好？（　）
22 如果別人嘲笑你，你會感到心煩嗎？（　）
23 你是否總是很準時的付帳單？（　）
24 你是否經常擔心你在外的親友？（　）
25 你是否有時會忘記自己的電話號碼？（　）

測試說明：

以上每個測試題回答「是」得兩分，回答「不知道」得一分，回答「不是」得零分，然後將分數相加得出總分。

測試結果：

1 如果你的總分低於十七分，表示你不比一般人更容易產生憂慮。你屬於那種很幸運的人，通常對生活總是抱著很從容的態度，而且不會被瑣碎的小事所困擾。這種態度不僅可以使你保持一種平靜的心態，而且也會影響你周圍的人。

2 如果你的總分在十八到三十五分之間，表示你有時會發現自己出現一定程度的緊張，但是基本上擁有平衡的心態，當問題出現時你會妥善處理，而且從來不為那些永遠不會發生的事情感到擔憂。

3 如果你的總分在三十六到五十分之間，表示你發現要讓自己完全放鬆是很困難的事情，而且總是提醒自己為將來無法預知的事情做好準備。對於你來說，重要的是要儘量採取一種更放鬆的態度對待生活，儘管要做到這樣似乎很困難，因為憂慮的確會導致緊張，而緊張是各種嚴重健康問題的致病因素之一。

官網

國家圖書館出版品預行編目資料

壞心情自癒法：心理分析 x 療法學習 x 案例應用，拒絕成為情緒的奴隸 / 劉惠丞，餘壹著 . -- 第一版 . -- 臺北市：崧燁文化，2020.10
面；　公分
POD 版
ISBN 978-986-516-493-5(平裝)
1. 情緒管理 2. 生活指導 3. 成功法
176.52　　109014981

壞心情自癒法：心理分析 × 療法學習 × 案例應用，拒絕成為情緒的奴隸

臉書

作　　者：劉惠丞，餘壹　著
發 行 人：黃振庭
出 版 者：崧燁文化事業有限公司
發 行 者：崧燁文化事業有限公司
E-mail：sonbookservice@gmail.com
粉 絲 頁：https://www.facebook.com/sonbookss/
網　　址：https://sonbook.net/
地　　址：台北市中正區重慶南路一段六十一號八樓 815 室
Rm. 815, 8F., No.61, Sec. 1, Chongqing S. Rd., Zhongzheng Dist., Taipei City 100, Taiwan (R.O.C)
電　　話：(02)2370-3310　　**傳　　真**：(02) 2388-1990
總 經 銷：紅螞蟻圖書有限公司
地　　址：台北市內湖區舊宗路二段 121 巷 19 號
電　　話：02-2795-3656　　**傳　　真**：02-2795-4100
印　　刷：京峯彩色印刷有限公司（京峰數位）

定　　價：380 元
發行日期： 2020 年 10 月第一版
◎本書以 POD 印製